冉启英

西部地区节能潜力与
实现机制研究

Research on Energy Saving Potential and
Realization Mechanism in Western China

经济管理出版社
ECONOMY & MANAGEMENT PUBLISHING HOUSE

图书在版编目（CIP）数据

西部地区节能潜力与实现机制研究／冉启英，颜冠鹏著. —北京：经济管理出版社，2019.9

ISBN 978-7-5096-6849-8

Ⅰ.①西…　Ⅱ.①冉…　②颜…　Ⅲ.①节能—区域经济发展—研究—西北地区　Ⅳ.①F127.4

中国版本图书馆 CIP 数据核字（2019）第 171678 号

组稿编辑：丁慧敏
责任编辑：丁慧敏　乔倩颖　张广花
责任印制：黄章平
责任校对：王纪慧

出版发行：经济管理出版社
　　　　　（北京市海淀区北蜂窝 8 号中雅大厦 A 座 11 层　100038）
网　　址：www. E-mp. com. cn
电　　话：(010) 51915602
印　　刷：北京玺诚印务有限公司
经　　销：新华书店
开　　本：720mm×1000mm /16
印　　张：8.75
字　　数：126 千字
版　　次：2019 年 9 月第 1 版　　2019 年 9 月第 1 次印刷
书　　号：ISBN 978-7-5096-6849-8
定　　价：48.00 元

🚲 前言

自改革开放以来，中国成为经济增长速度最快的国家之一。然而，与我国经济快速增长相伴的却是能源过度消耗和环境急剧恶化。通过节能实现减排成为转变经济发展方式和实现经济高质量发展的重要路径。如何通过节能形势分析和预测，客观地评价区域节能潜力，科学地落实各地区的节能战略目标和实施措施，已经成为各级政府部门和学术界关注的焦点。

我国西部地区资源丰富，但经济水平相对落后，存在"资源诅咒"效应，产业具有显著"高耗能、高排放、高污染"特征，能源效率远远低于东部地区，是我国低碳经济转型的重要地区。在经济增长过程中实现节能降耗和环境保护，走低碳绿色发展之路是西部地区经济转型的必然选择。本书以可持续发展为出发点，以低碳经济为目标，测算西部地区节能潜力，分析西部地区节能潜力的影响因素和实现路径，完成国家节能降耗"双控"目标。

首先，本书利用超效率 SBM-Undesirable 模型，以省工业 SO_2 排放量、工业废水排放量和工业固体废弃物产量三类污染指标作为非合意产出，计算环境约束下西部地区的全要素能源效率。

其次，本书测算了西部地区横向和纵向节能潜力，找到节能重点省区，在上述研究的基础上，利用托宾（Tobit）模型实证分析了西部地区节能潜力的影响因素，为后续研究提供充分的理论支撑。研究发现，产业结构、能源结构、外资依存度、城市化进程水平、环境治理和技术创新与节能潜力均存在显著的相关关系。

再次，本书结合西部地区经济社会现状剖析了阻碍西部地区节能降耗的原因，指出在给予更多能源政策倾斜的基础上，西部地区应从绿色发展理念、优化西部地区经济结构、推动新旧动能转换、改革政绩考核制度、经济发展方式、区域差异化政策等方面继续努力，以期更好地实现西部地区节能降耗目标。

最后，基于国家"双控"目标，运用 BP 神经网络模型对西部地区"十三五"和"十四五"期间的能源消费强度展开预测，并结合"十三五"期间西部地区"双控"目标要求与实际完成情况，提出重点节能降耗地区——新疆维吾尔自治区、宁夏回族自治区应从优化能源产业结构和能源消费结构、积极吸收利用高质量外商直接投资、合理规划城镇化发展部署、加大环境治理力度、提高能源技术创新等方面继续努力，以期更好地实现西部地区节能降耗目标。

🚲 目录

第一章

绪　论

一、选题背景与意义

（一）选题背景

自改革开放以来，中国经济迅猛发展，成为全世界经济增长速度最快的国家之一。然而，与我国经济快速增长相伴的是能源被大量消耗。2017年《BP世界能源统计年鉴》的数据显示，2016年中国一次能源消费量为3053百万吨油当量，占全球能源消费量的23%和全球能源消费增长的27%。同时，中国是煤炭生产与消费大国，2016年中国煤炭生产量达到1685.7百万吨油当量，占世界能源生产总量的46.1%；2016年中国煤炭消费量达到1887.6百万吨油当量，占世界煤炭总消费量的50.58%。2016年中国煤炭消费量占中国能源消费总量的比重为62%。能源资源大规模开发使用，导致能源浪费和生态环境恶化，中国正面临着能源"存量约束"与"生态赤字"并存的双重考验。

自"十一五"规划开始，我国就把节能减排作为各地政府社会经济发展的约束性指标。中华人民共和国国家发展和改革委员会（以下简称国家发改委）在"十三五"规划纲要中提出了"到2020年单位GDP能源消耗降低15%"和"单位GDP二氧化碳排放降低18%"的目标。国务院在"十三五"节能减排综合工作方案中要求，"到2020年，全国万元国内生产总值能耗比2015年下降15%，能源消费总量控制在50亿吨标准煤以内"，并对"十三五"期间各地区能耗总量和强度"双控"目标进行了分解。通过节能减排实现绿色低碳发展，已成为全国各地的重要任务。

我国地域辽阔，地区间异质性的客观存在决定了节能空间各异、进度有别。西部地区能源丰富，但经济水平相对落后。粗放式增长模式导致西部地区资源消耗量大，单位产值能耗高于全国平均水平，能源利用效率低下；长期以煤炭为主的能源消费结构导致大量污染物排放，生态环境遭到严重威胁，存在"资源诅咒"效应。西部地区产业具有显著"高耗能、高排放、高污染"特征，节能潜力远远大于东部地区，是我国绿色经济转型的重要地区。因此，如何客观地预测西部各地区节能潜力的变化趋势，探寻中国西部地区节能潜力的影响机理以便科学地制定各地区切实可行的节能措施，已经成为各级政府部门和学术界关注的焦点。基于此，国家提出实行能源消耗总量和强度"双控"行动，习近平总书记在《中共中央关于制定国民经济和社会发展第十三个五年规划的建议》（以下简称《建议》）中对实行能源和水资源消耗、建设用地等总量和强度"双控"行动进行了重点说明。西部地区如何推进重点领域节能，深化节能潜力挖潜，推动"十三五"能耗"双控"目标顺利落实，构建资源节约型、环境友好型社会，已成为当前经济工作的重中之重，也是社会各界亟待解决的重大课题。

（二）选题意义

自 1978 年改革开放以来，我国已经历了 40 多年的经济高速发展，能源短缺、环境污染等问题日益突出，因此如何推动经济绿色发展、循环发展、低碳发展已成为我国社会经济发展的一项重大任务。本书对于能源效率和节能潜力等问题的相关研究，具有重要的理论意义和实践意义。

1. 理论意义

本书基于区域经济学、能源经济学、环境经济学等相关理论和分析方法，对西部地区节能潜力及其实现机制进行了深层次的探索，拓展了节能减排研究领域，丰富了能源经济领域的研究内涵，对于其他区域实现能源效率提升和节能潜力挖掘具有重要的理论参考意义。

2. 实践意义

本书采用超效率 SBM-Undesirable 模型对西部地区全要素能源效率及地区差异性进行了分析，对西部地区的节能潜力进行了纵向、横向比较，厘清了西部地区节能潜力的影响因素和作用机理，探析了阻碍西部地区节能潜力的原因，深入分析了西部地区挖掘节能潜力的实现路径，同时，运用 BP 神经网络模型预测了 2020 年和 2025 年中国西部地区的节能潜力，并结合"十三五"时期西部地区"双控"目标要求与实际完成情况，提出了西部重点区域实现"双控"目标的具体路径。这对西部地区实现节能减排目标、改善生态环境和可持续发展具有重要的实践意义。

二、研究相关界定

（一）能源效率

"能源效率"（Energy Efficiency）一词产生于 20 世纪 70 年代西方国家的能源危机。能源效率就是单位能源所带来的经济效益多少的问题，带来的经济效益多说明能源效率高，也就是能源利用效率的问题。能源效率的提高有利于实现节能减排，进而实现绿色经济的发展。"能源效率"一直是各国普遍关注的热点，近年来对能源效率方面的研究也已取得丰硕的成果。

但是，目前对于能源效率没有一个权威定义，学界对能源效率并没有统一的理解和认识。Patterson（1996）基于帕累托效率，将能源效率定义为用最少的能源投入生产出尽可能多的有用的产品或服务，他认为可以用四种方法对能源效率进行测算，包括热力学指标、物理—热量指标、纯经济指标以及经济—热量指标。世界能源委员会于 1995 年把"能源效率"定义为："减少提供同等能源服务的能源投入"。衡量能源效率的指标可分为经济能源效率与物理能源效率，本书适用的指标主要是经济能源效率，这一指标又可分为单位产值能耗和能源成本效率。魏楚和沈满洪（2007）则认为，能源效率是指用较少的能源生产出同样数量的服务或者有用的产出，关键问题是在于如何准确定义有用的产出和能源投入。由于对能源效率的概念和定义缺乏统一标准，再加上其测算指标本身存在一定的缺陷，由此导致各种研究计算出来的能源效率结果相差较大。从整体上看，能源效率的研究方法主要可以分为单要素能源效率与全要素能源效率。

1. 单要素能源效率

单要素能源效率是传统的能源效率测度方法，其中最重要的指标即为单位产值能耗，也称为"能源强度"（Energy Intensity），是指一个国家或地区、部门或行业一定时期内单位产值消耗的能源量，通常以单位国内生产总值能源消耗量来表示，即单位 GDP 能耗，它反映了一个国家或地区经济对能源资源的依赖程度，同时也反映了能源利用的效益。单位产值能耗受到自然因素、价格因素、技术因素、社会因素以及政策因素等的影响，因此单位产值能耗的国际比较是一个极为复杂的问题。作为传统的能源效率测度方法，单要素能源效率具有直观、计算简单和可操作性强等优点，因而受到了国内外众多研究者的青睐，在很长一段时间内一直是研究能源效率的主要方法，也是衡量一个国家或地区节能减排工作成效最重要的指标。但是，随着单要素能源效率的广泛应用，其缺点也不断暴露出来，主要包括：①没有从系统论的角度出发研究问题，只能衡量生产单元能源投入与产出之间简单的比例关系，没有考虑其生产过程中其他投入要素（如资本、劳动等）的作用，不能反映注入不同投入要素或者不同能源要素（如煤炭、石油等）之间的相互替代对能源利用效率的影响，所以无法度量潜在的能源技术效率；②只关注单位产出能耗最小化，无法考虑能源利用的环境影响，如温室气体、各类污染物的排放等。因此许多学者开始使用全要素能源效率来研究能源效率。

2. 全要素能源效率

Hu 和 Wang（2006）基于全要素生产率框架，依据 DEA 创造性地提出了全要素能源效率（TFEE）的概念，并将其定义为在能源要素投入外的其他要素（如资本、劳动）保持不变的前提下，按照最佳生产实践，一定产出所需的目标能源投入量与实际投入量的比值，从而有效地弥补了传统单要素能源效率研究方法的缺陷，对后续研究产生了很大的启示。自全要素能源效率 TFEE 提出以来，得到了广泛应用，已经逐渐成为国内外能源效率问题研究的主流方法。该方法基于全要素生产率理论，考虑到经济主体各种投入要素之间的相互作用对能源效率的影响，有效地克服了传统能源效率研究方法的缺陷，在一定程度上较为客观、准确地度量一个国家或地区能源利用水平的高低，从而为研究中国能源效率问题提供了全新的思路和方法。因此，本书也将采用全要素能源效率方法研究中国省际能源效率问题。

（二）节能潜力

"节能潜力"最初被应用于工程领域，分为理论节能潜力和视在节能潜力。理论节能潜力是指供给能量中除了有效利用和不可避免的损失外一切可避免的损失；视在节能潜力是指目前世界上已达到的先进水平与我国现实情况相比较的差距。一般而言，节能潜力常用效率来代表，效率高就表示节能潜力小，效率低就表示节能潜力大。在经济学领域，除了少数学者对"节能潜力"做了初步定义外，多数学者并没有给出明确定义，而是直接应用了"节能潜力"这一概念。本书借鉴郭丽丽（2009）将节能潜力界定为完成既定经济目标的现有经济增长模式下的能源消费与最优能源消费之间的差距，最优能源消费由资源配置、技术效率和技术进步三个方面决定，资源配置是指在不同用途或不同使用者之间进行的分配；技术效率指的是纯技术效率与规模效率的乘积；技术进步分为广义技术进步和狭义技术进步，广义技术进步指生产技术和组织管理技术不断发展和完善的过程；狭义技术进步指自然科学的进展及其在生产中的应用，即生产技术的发展与完善。节能潜力涉及的技术进步指的是狭义技术进步，根据经济目标的划分，节能潜力可分为短期节能潜力和长期节能潜力两种，短期节能潜力主要包括管理节能潜力，长期节能潜力主要包括结构节能潜力、管理节能潜力和技术节能潜力。

三、国内外研究现状

（一） 关于能源效率的研究

近年来，随着国家对生态文明建设的大力提倡，国内学者对我国能源效率问题进行了广泛的研究。目前的文献对能源效率的研究分析方法主要是基于概念界定的不同和能源指标选取方面的差异。早期的研究多使用单要素能源效率指标，比如能源强度或能源生产率等，通常运用 IDA 技术，主要考察产业结构调整和部门能源强度变化对总体能源强度变化的贡献。Sun 和 Meriso （1999） 建立了物质化和非物质化的概念框架，通过构造能源效率测度分解模型，测算了 1960~1995 年经济合作与发展组织国家能源利用效率和节能潜力，结果表明在这一时期 OECD 实现了高度的非物质化。国内学者中，韩智勇等 （2004） 分析了中国能源强度的变化趋势，发现其前后基本上是一致的、合理的，并以此为基础，将能源强度变化分解为结构份额和效率份额，提出了结构份额和效率份额的计算方法，对我国能源强度变化中的结构份额和效率份额进行了定量分析，结果表明：1998~2000 年，我国能源强度下降的主要动力来自于各产业能源利用效率的提高，其中工业能源强度下降是总体能源强度下降的主要原因。齐志新等 （2007） 给出了一个更有可信度的能源强度数据，从经济角度阐述了造成中国能源强度偏高的原因。李善同等 （2009） 采用结构分解方法对中国各地区能源强度的差异进行了分解研究，结果表明，在大多数地区，行业能源强度的差别是决定能源强度差异的主要因素，产业结构差异导致的能源强度差异约占总差异的 30% 以上；能源强度高的地区，影响能源消耗的因素各不相同，相应的节能潜力和节能难度也各不相同。也有少数学者通过回归分析检验了外生因素对单要素能源效率的影响。李廉水等 （2006）

以 35 个工业行业为样本，用非参数的 DEA－Malmquist 生产率方法将广义技术进步分解为科技进步、纯技术效率和规模效率 3 个部分，然后采用面板技术估算了这 3 个部分对能源效率的作用。结果表明，技术效率（纯技术效率与规模效率的乘积）是工业部门能源效率提高的主要原因，科技进步的贡献相对低些，但随着时间的推移，科技进步的作用逐渐增强，技术效率的作用慢慢减弱。然而这种方法具有一定的局限性：投入变量中仅包含能源要素，而没有考量资本、劳动力等非能源变量，因此，考虑多要素投入的全要素能源效率逐渐取代了单要素能源效率。屈小娥（2009）认为，技术进步、第三产业增加值比重、能源价格、制度因素等都对东部地区能源效率改进有积极作用，而中部地区同样因素的影响较弱，西部最小；制度因素对西部地区［除广西壮族自治区（以下简称广西）、重庆、四川外］大多数省份能源效率改进均有一定的阻碍作用。此外，李世祥、成金华（2008）基于生产理论框架的非参数法，应用几个不同目标情景下的能源效率评价模型，从省际、工业行业面板数据的角度评价了中国的能源效率，并利用"两步法"估计了其影响因素。周超（2012）利用 Super-SBM 模型从技术进步等五个方面剖析了我国绿色能源效率的影响因素，发现外商直接投资与技术进步和经济结构一样，对于绿色能源效率的改进有正面影响，但能源禀赋与能源消费结构对于绿色能源效率有负面影响。李建博等（2013）利用 SPSS 和层次分析法（AHP）识别出企业意识和能力、财务绩效、市场因素和政策法规是制约企业不可再生能源效率的重要因子。师博、沈坤荣（2013）在政府干预背景下，分析了企业、产业和区域 3 个层面经济集聚对能源效率的影响与作用机制。林伯强、杜克锐（2013）利用面板数据的固定效应 SFA 模型和反事实计量的方法，对我国 1997～2009 年要素市场扭曲的能源效应进行了实证分析，研究结果表明，要素市场扭曲对我国能源效率的提升有显著负面影响。王兵、於露瑾等（2013）发现，从总体上看，能源结构效应是阻碍能源效率增长的主要因素，技术效率恶化对能源效率的增长具有抑制作用；分行业看，轻工业能源效率普遍高于重工业能源效率，结构效应差异是带来能源效率差异的最主要原因。李梦蕴、谢建国等（2014）采用中国1995~2011年的省际面板数据，对中国区域能源效率差异及其影响因素进行了研究，结果表明：地区经济发展差距的缩小导致了地区能源效率差异的收敛，而能源消费结构差异对能源效率差异的影响则呈现区域特征；FDI提高了中部地区的能源效率却降低了西部地区的能源效率；文章的结果表明，对中西部地区而言，在产业结构高级化的同时，努力提高先进产业的生产效率，加强R&D投入的生产转化，降低能耗与污染，是缩小与发达地区能源效率差异的有效办法。

自Hu和Wang（2006）提出全要素能源效率概念以来，国内许多学者对中国的全要素能源效率进行了分析。魏楚、沈满洪（2007）基于DEA方法构建出一个相对前沿的能源效率指标，并将它同传统的能源生产率指标进行了区分和比较。之后运用1995~2004年的省际面板数据进行能源效率的计算，结果发现：大多数省份能源效率符合"先上升，再下降"的特征，转折点一般出现在2000年左右。Zhang等（2011）运用全要素框架对1980~2005年23个发展中国家的能源效率进行了调查，利用数据包络分析（DEA）法研究了全要素能源效率和变化趋势，实践表明：有效的能源政策在提高能源效率方面发挥着至关重要的作用。进一步的回归分析表明，全要素能源效率与人均收入之间呈"U"形关系。

随着环境污染和能源问题的日益突出，国内外学者开始探索将非期望产出纳入全要素能源效率分析模型。袁晓玲等（2009）运用1995~2006年中国28个省、自治区、直辖市的面板数据，选取基于投入导向的规模报酬不变超效率DEA模型，测算出包含非合意性产出环境污染的中国省际全要素能源效率，检验了中国和分区域全要素能源效率的收敛情况，并基于经济结构和能源因素视角，采用Tobit模型分析了中国和分区域的全要素能源效率的影响因素。涂正革等（2009）在全要素能源效率框架下，根据能源系统的特点，基于DEA方法建立能源效率评价模型，对中国30个行政区域进行了实证研究，针对能源效率的概念缺少统一标准的现状，从综合投入、技术效率和有效产出3个角度界定能源效率概念，为能源效率研究提供清晰的概念框架；构建了以能源消费总量、从业人员总数和固定资产折旧为投入指标以及以经济产出和环境影响为产出指标的能源效率评价指标体系，在此基础上构建了能源经济效率和能源环境效率评价指标体系；结合主成分分析法建立了可处理非期望产出的 DEA 能源效率评价模型。王兵等（2011）运用基于 DEA 的方向性距离函数方法测算了 1998~2007 年环境约束下的中国省际全要素能源效率，并对影响环境约束下全要素能源效率的因素进行了实证检验。张伟、吴文元（2011）运用"多投入—多产出"的 DEA 模型，以环境生产函数（EPF）和环境方向距离函数（EDDF）为基础，将污染作为生产过程中产生的负产出纳入生产理论，将传统的生产技术扩展为环境生产技术，对长三角都市圈城市群 1996~2008 年的全要素能源效率及其成分进行了测度，并对能源效率及其成分的影响因素进行了实证分析。孙广生等（2012）通过对传统的能源效率指标进行了分解研究，考察了 1986~2010 年我国各地区能源效率及其影响因素的变化情况后得到以下结论：①能源效率变化的主要影响因素按贡献大小的排列分别是技术进步、投入替代变化与效率提升。总体上看，全要素生产率的作用要大于投入替代，技术效率变化与技术进步对能源效率的影响与我国的市场化改革进程存在密切关系。②尽管地区间"能源效率缺口"绝对量在逐年扩大，但表现出一定的追赶与收敛趋势。能源效率的地区结构差异表现出一定的地带性。③在能源效率变化的三个分解项中，投入替代变化的差异是影响地区间能源效率差异的首要因素。

　　以上分析结果不仅有助于理解中国及各地区的能源效率及其影响因素的变化趋势，而且将为节能政策的制定与完善提供一定的参考依据。王喜平、姜晔（2013）运用方向距离函数和 Malmquist-Luenberger 指数模型，对我国 2001~2008 年 36 个工业行业在二氧化碳排放约束条件下的全要素能源效率水平进行测算，并利用核密度法估计了在此期间累计全要素能源效率的分布和动态变化特征，同时考察了影响碳排放约束下工业行业能源效率的各种因素。范丹、王维国（2013）将能源和二氧化碳纳入工业企业的全要素能源效率评价体系中，基于四阶段 DEA 和 Bootstrapped DEA 方法，在控制了外生环境变量和随机冲击的影响下，对我国 2010 年 30 个省、自治区、直辖市规模以上工业企业的全要素能源效率及其分解变量进行了实证分析。陈关聚（2014）运用随机前沿技术测度了中国制造业 30 个行业的全要素能源效率，分析了能源结构对技术效率的影响。冯烽（2015）从内生性视角构建了分析能源效率及其影响因素动态效应的经验模型，并以中国省际面板数据实证研究了能源价格、技术进步与能源效率之间的长期均衡关系及动态效应。总而言之，国内外学者关于能源效率和节能潜力变化的影响因素的研究成果所涵盖范畴已经较全面，例如自然因素、技术因素、经济因素、社会因素、体制因素、政策因素等。张志辉（2015）应用 Bootstrap 纠正的共同前沿 DEA 方法，测算 2000~2012 年的中国区域能源效率，并分析其演变趋势及影响因素，结果表明：中国区域能源效率东部最高，中部次之，西部最低，呈现梯状空间分布；技术差距拉大导致中西部与东部之间的能源效率差距呈不断扩大趋势；群组前沿效率下降也是制约东西部能源效率改善的重要因素；地区间的产业分工和产业转移，不仅造成区域间能源效率差异，而且使各地区内部省际能源效率也发生明显分化；经济发展水平、政府干预、城市化、产业结构、产权结构、资本深化、经济开放、能源结构和能源价格对能源效率均有显著影响，但其影响机制存在差异。冉启英、于海燕（2015）在方向性距离函数的环境规制行为分析模型（DDF－AAM）框架下基于 Malquist－Luenberger 生产率指数，将污染物作为负外部性的非合意产出，测算西部 10 省区 1995~2012 年有、无环境约束下的全要素能源效率，并对其影响因素通过两阶段加权最小二乘法（TSLS）进行实证分析。张立国、李东等（2015）基于 DEA－Malmquist 生产率指数分析方法，构建了物流业全要素能源效率的测度模型，通过分析中国 30 个省、自治区、直辖市 2003~2012 年物流业的能源消耗面板数据，对中国物流业的全要素能源效率及技术效率、技术进步、纯技术效率和规模效率指数进行了实证测度，并分析了样本年内中国物流业全要素能源效率的动态变动和区域差异情况。张兵兵、朱晶（2015）基于 DEA－SBM 模型测算了 2000~2011 年碳排放约束下中国 37 个工业行业的能源效率，然后分别运用静态和动态面板数据模型的估计方法，综合多种因素实证考察了出口对工业行业能源效率的影响，结果表明高能耗产业产品的出口是降低中国工业行业能源效率的主要原因。刘丹丹、赵颂等（2015）将非期望产出纳入到投入产出指标体系中，运用超效率 DEA 方法测算出 2003～2012 年中国 29 个省区的全要素能源效率，利用 Malmquist 指数对西部地区全要素能源效率变动进行分解，并应用 Tobit 模型研究了西部地区全要素能源效率的影响因素，结果表明：西部地区整体能源利用效率较低；西部地区省际间全要素能源效率存在明显差异，但这种内部差异近年来在逐步缩小；西部地区全要素能源效率在样本期间整体呈下降趋势，技术进步、纯技术效率变化、规模效率变化对全要素能源效率都有显著影响，技术退步是导致西部地区全要素能源效率下降的主要原因；产业结构优化和技术进步对提高全要素能源效率有积极作用，而能源价格和煤炭消费比重对全要素能源效率有负向影响。吴传清、董旭（2016）运用超效率 DEA 模型和 ML 指数法对长江经济带全要素能源效率进行测度，并探讨了环境作用于全要素能源效率的一般机制，运用内生增长理论构建了环境约束全要素能源效率的理论模型。王腾、严良等（2017）通过搜集中国 2000～2014 年数据，运用 DEA - Malmquist 指数测算中国 30 个省域全要素能源效率，并进一步分解求得技术水平、纯技术效率和规模效率，为验证环境规制与全要素能源效率间波特假说是否存在，分别运用环境规制对规模效率、纯技术效率、技术水平和全要素能源效率进行面板门限回归，结果表明：技术水平退步是我国全要素能源效率下降的主要原因；环境规制对规模效率的影响为负，波特假说不成立，环境规制与纯技术效率存在单门限效应，且环境规制在不同区间对纯技术效率的影响均为正，波特假说始终成立；环境规制与全要素能源效率和技术水平均存在单门限效应，当环境规制强度低于 0.0002 时，环境规制对全要素能源效率和技术水平的影响为正，此时波特假说成立；而当环境规制强度超过 0.0002 时，环境规制对全要素能源效率和技术水平影响为负，此时波特假说不成立，因此，政府制定环境规制政策需要考虑到环境规制强度对规模效率、纯技术效率和技术水平效果的差异。

（二） 关于节能潜力的研究

环境污染、能源问题对各个国家人民的生产、生活都有极大的影响，目前，各国已经开始探索转变经济发展方式，实行低碳经济，而提高能源利用效率，促进节能潜力的提升是经济转型的关键。因此，目前国内外学者都在积极研究如何提高能源效率、挖掘节能潜力，为实现经济结构转型升级和可持续发展进行了有益的探索。通过对国内外研究现状的梳理发现，目前针对节能潜力的研究主要集中在几个方面，一些学者分析了节能潜力的地区及行业差异和影响节能潜力实现的主要因素，也有些学者研究了如何对节能潜力进行预测的方法以及如何采取措施促进节能潜力的实现。

1. 节能潜力的地区及行业差异

从 20 世纪开始，国内外学者已经开始研究能源效率和节能潜力方面的问题，但对于中国节能潜力地区及行业差异方面的研究则起步较晚。由于我国东部地区、中部地区、西部地区环境承载能力及经济发展水平差异很大，各地区节能潜力差异较大，而各行业对于能源需求以及对环境污染状况的差异也很大。邹艳芬、陆宇海（2005）通过空间统计模型和面板数据分析 Moran's 指数分析了中国 31 个省份的经济发展和能源的区域特征，得出省级区域经济发展和能源有效性具有明显的空间相关性和地理空间集群性。史丹（2006）的研究发现，能源效率的区域差别与国际差别不同，能源效率区域差别在当前的技术经济水平下通过采取措施可能实现节能潜力，中国能源效率较高的省市主要集中在东南沿海地区，能源效率最低的地区主要是煤炭资源比较丰富、以煤炭消费为主的内陆省份，提高中国的能源效率需要使能源流向效率高的地区，各地区在制定节能措施时在考虑影响能源效率的一般性因素的同时也要考虑本地区的特殊因素，中国需要根据各地区实际情况制定节能降耗的目标。韩亚芬等（2007）选取 1990～2004 年中国各省份能源消耗和经济发展的相关数据，从时间和空间两方面对能源利用效率和经济发展的关系进行了实证研究，结果显示：近年来我国能源利用效率明显提高；能源利用效率较高的省份主要集中在东部沿海地区，其节能空间相对较小，而煤炭资源比较丰富、能源效率较低的广大西部省份节能潜力较大。杨红亮等（2009）认为，对地区能效产生影响的因素有很多，既可能是经济社会因素，如能源消费结构、产业结构、人均GDP等，也可能是自然环境因素，如地理位置、地形地貌、气温、日照时间等，从根本上讲，经济社会因素对能效造成的影响部分才是可以真正实现的节能潜力，而自然环境因素对能效造成的影响不以人的意志为转移；基于这样的理念，提出了"理论节能潜力"和"实际节能潜力"的概念。并且首创了把环境变量纳入全要素能效考察的方法和经济学模型，通过分析发现：一个地区的能效在很大程度上受到其所处的自然环境因素的影响。屈小娥（2011）以中国省际工业为研究对象，运用DEA效率评价方法，实证测算并分析了全国30个省份的工业全要素能源效率、可节能量和节能潜力，研究了影响工业能源效率的因素，认为我国各省份工业能源效率差异较大，工业R&D投入增加、资本深化有利于提高工业能源效率，行业集中度对提高工业能源效率有正向影响；企业平均规模对工业能源效率产生显著的负效应；外资进入并没有对提高工业能源效率起到积极作用，研究结果对于根据地区差异制定有差别的能源经济政策具有良好的启示与借鉴作用。郑明慧、王亚飞（2012）在能源消费省份配置分析的基础上，分别测算出河北省在绝对趋同条件下和相对趋同条件下的节能潜力，并得出相应结论：在绝对趋同条件下河北省总体能源效率在全国范围内水平明显偏低，总体节能潜力达到63.05%；在东部地区及与河北省相邻省市的相对趋同条件下，河北省能源效率水平也都处于较落后的水平，具有相当的综合节能潜力。王蕾等（2012）以中国各省份所在区域的能效最高值作为基准值，利用DEA的方法对全国不同区域的节能潜力进行估算，结果显示：与全国平均节能潜力相比，中西部地区节能潜力较低；从测算结果来看，中国推进节能减排的重点区域仍然是东部发达省份，而不是中西部地区，因此提出中国应实施差异化的节能政策设计。范丹等（2013）运用 DEA-SBM 模型测度了碳排放约束下 1999~2010 年中国 30 个省份及四大区域的全要素能源效率，并利用变异系数及 K-Means 聚类分析考察了区域全要素能源效率的差异，最后对各省份及区域的节能减排潜力进行了测度分析。研究结果表明：不考虑碳排放约束的各省份的全要素能源效率被高估，绿色能源效率总体均值呈现"U"形趋势；绿色能源效率的区域格局按照由东向西递减。魏新强、张宝生（2014）将经济与环境的相对重要性纳入全要素能源效率分析中，通过改进原有的 DEA 模型和偏好锥的设定构造不同发展目标下的全要素能源效率动态评价模型，分析了我国不同情景下的节能潜力，结果表明：中国 2011 年各省的发展水平可以分为 5 个层次，在考虑实现程度上，应以发展水平为 0.059 的阶段为标准制定相应的政策。郭玲玲、武春友（2014）在综合考虑能源利用和污染物排放的基础上，利用数据包络分析法构建节能潜力和减排潜力的测度模型，利用 1996~2010 年中国 30 个省（自治区、直辖市）的相关数据，计算其节能潜力和减排潜力，基于此，利用 ArcGIS10.0 软件分析中国节能潜力和减排潜力的时空演进情况，找到各省（自治区、直辖市）节能减排的最优路径。王腊芳、段文静等（2015）通过计算中国各区域、各省份制造业及其分行业的能源强度和节能潜力，分析了制造业节能潜力的区域差异和行业差异，研究结果显示：东部地区、中部地区、西部地区制造业的能源强度存在明显差异，且东部地区远低于中部地区、西部地区，但近几年区域间能源强度差距在逐步缩小，同时各区域内部不同省市间能源强度差距也在不断拉近；高于全国平均节能潜力水平的省份有 17 个，且主要集中在中西部地区，这些省市的平均节能潜力都在 70% 以上；高节能潜力的行业主要集中在对能源利用效率要求较高、产业前后向关联效应较强的行业；但石油加工及炼焦业、电子及通信设备制造业、专用设备制造业和化学纤维制造业的节能潜力在各地区排名都很靠前，说明在制定节能政策和措施时，不但要根据各地区资源、能源禀赋及经济发展水平的不同而差别化对待，还要充分考虑行业间的差异。李艳清、黎莹莹等（2017）基于全要素能源效率构建不同节能目标下的动态评价模型评估节能潜力，并以我国各省市 2010~2014

年的实际数据做定性和定量分析，同时对我国不同区域进行横向和纵向分析。根据分析的结果，针对区域节能潜力的不同，提出了差别化的节能政策和节能目标，并从影响节能潜力的因素着手提出合理的建议。仓定帮、魏晓平等（2017）首先对1996~2015年我国煤炭消费量、经济增长、单位GDP能耗、环境规制强度、能源消费结构数据进行协整分析，发现存在长期均衡关系，并通过格兰杰因果检验发现经济增长、单位GDP能耗、环境规制强度、能源消费结构均是煤炭消费量的格兰杰成因；其次借助协整方程，对各参数设置了基准变化，对2016~2025年的煤炭消费进行预测。

目前，对于我国区域节能潜力的研究已经比较成熟，但是专门针对西部地区节能潜力的系统性研究还较少。余小东等（2007）通过产业结构演进—能源消费关联模型和产业结构演进—单位GDP能耗模型的构建，分析了中华人民共和国成立以来云南省一次能源消费总量与产业结构演进之间的关系，并通过对以上模型的具体分析，判断今后云南省能源消费的趋势及节能潜力。王靖等（2011）在分析四川省2005~2009年工业发展的基础上，构建了经济效益最大化、能源消费最小化的双向耦合优化模型，提出了工业结构优化调整方案，并分析测算了"十二五"期间四川工业结构节能潜力。高志刚（2013）通过DEA数据包络分析法分别从工业能源的投入角度和产出角度分析了克拉玛依市各工业能源的利用效率，并且应用GM（1，1）模型对工业碳基能源的节能潜力进行趋势性分析与预测，并提出了提高能源利用效率和提高经济增长速度以实现低碳工业化的建议。王玉燕等（2013）以能源效率为研究对象，刻画了西部大开发以来西部能源消费的洛伦兹曲线，同时考察能源效率的变动趋势和趋同性，并测度节能潜力的大小，最后回归分析了影响能效的因素。于海燕（2016）利用非参数前沿方法，基于低碳经济下SBM模型，以二氧化碳为非合意产出，在有碳排放约束和无碳排放约束下分别测算了1995~2013年西部地区全要素能源效率，然后分析了西部地区的节能减排现状及原因，并在低碳经济框架下分别比较分析了西部地区纵向、横向的节能潜力和减排潜力，利用托宾（Tobit）模型分别实证分析了西部地区节能潜力、减排潜力的影响因素。

2. 节能潜力的影响因素

通过分析国内外关于我国能源效率和节能潜力的相关研究可以发现，各位学者关于影响节能潜力的因素存在分歧。部分学者认为产业转移和经济结构变化对能源效率变动起主要作用，还有一部分学者认为能源效率和节能潜力是由各部门能源强度变化引起的。

目前我国的产业结构正从高能耗工业向低能耗的高技术产业和服务业转变，产业结构在不断优化。与此同时，随着东部地区经济的发展，对于环境保护重视程度和经济质量的要求不断提高，将一些高污染、高耗能企业转移到中部地区、西部地区。产业转移和产业结构的变动对能源效率变动有很大影响，这种影响的程度和方向可以通过因素分析法量化出来。林伯强（2001）认为，我国高耗能产业增长速度过快，推动了能源的消费，能源短缺在一定程度上阻碍了中国经济的发展。因此，应该优化产业结构，降低高耗能、高污染企业的比重，大力发展高附加值产业，以提高经济发展的质量和效益。王庆一（2006）分析了我国能源的供需现状，认为中国能源面临石油安全、人均能耗低而单位产值能耗高、能源生产利用对健康和环境的损害以及国际竞争的挑战。施凤丹（2008）通过对数平均迪氏分解法（LMDI）将1997年和2002年中国工业能源消费及煤炭消费、石油消费分别分解为产量效应、结构效应和强度效应，研究结果表明，1997~2002年中国工业能耗的增长主要是由高耗能重化工业投入产出规模的扩大引起的，工业结构的调整也对其起到了一定的促进作用，而工业各部门实际能源强度的降低则大大减缓了能耗总量的增长幅度，根据测算结果，提出了重化工业不应该是中国工业发展的方向的结论。刘佳骏等（2012）从空间角度探讨产业结构变动对区域能源效率提高的贡献，利用GDP产业结构统计数据和相关能源利用统计数据，结合数学模型和空间分析方法，以中国31个省（自治区、直辖市）相关数据为样本，分析得出中国31个省（自治区、直辖市）产业结构变动对能源效率提高贡献的空间差异较大；产业结构合理且经济基础较好的省份、经济发展起步较晚的省份以及处于产业结构调整初期的中国中部、西部欠发达省份产业结构变动对区域能源效率提高的贡献明显；而经济基础薄弱尚未形成主导产业的省份与形成较为合理低端产业结构的省份，产业结构变动对区域能源效率提高的贡献不明显。尹晶晶、杨德刚等（2013）以新疆 15 个地、州、市为研究对象，运用基尼系数、人均 GDP 能耗绿色贡献系数和节能潜力指数等测算方法，对区域能源消费强度的空间公平性和节能潜力进行了研究，结果表明：发展阶段的差异导致新疆总体能源消费强度和工业能耗分配呈现显著的空间非均衡性，其中新疆能源消费不均衡的原因是部分快速工业化地区能源消费过度，而工业能耗分配悬殊的原因则是粗放的经济增长方式和工业发展模式；基于影响因素呈现工业阶段化特征，提出根据不同工业化发展阶段对各区域制定差别化节能目标和节能措施的建议，不仅能有效缩小地区间的能源消费差距，经测算还将使新疆整体的能耗减少 13%，这对新疆乃至全国低碳经济发展都有着重要的意义。

一些学者认为，经济结构变化以及产业转移对提升能源效率作用不大，要提高能源效率，主要是要降低能源强度，而这其中最重要的是技术效率的提高。Huang（1993）用 Divisia 指数方法分析了中国能源的利用情况和结构变化，认为 20 世纪 80 年代中国的总体能源效率不断提高，其中技术进步的贡献率占 80% 左右。许多学者都对此观点表示赞同，如Samuels（1984）、Reitler（1987）等。Sinton 和 Fridley（2000）分析了我国能源效率的状况及面临的挑战，发现技术因素对能源效率提高的影响具有长期性。国内学者韩智勇等（2004）计算出 1998~2002 年工业能源强度变化份额中，效率份额占绝大部分，结构份额仅占 1.87%，因此说明工业能源强度下降主要源于各产业能源效率提高。齐志新等（2006）分析了1980~2003 年中国宏观能源强度以及 1993~2003 年工业部门能源强度下降的原因，发现技术进步是我国能源效率提高的决定因素。张瑞等（2007）建立了能源效率与能源消费结构的协整模型，定量分析了煤炭、石油、天然气和水电消费比重对能源效率的影响，发现技术进步因素是影响中国能源强度变动的决定因素。王火根等（2008）通过将能源引入生产函数建立三要素生产函数模型，利用面板单位根、面板因果检验和面板协整方法对能源消费与经济增长重新进行了经验检验，面板单位根检验表明，能源、GDP 等为一阶差分平稳变量；格兰杰面板因果关系检验结果表明，如果能源供应减少 1%，经济增长将下降 0.498%。王俊松、贺灿飞（2009）采用对数平均迪氏分解法（LMDI）将中国 1994～2005 年的能源强度变化分解为六大类产业结构变化、两位数产业结构变化效应和技术进步效应，研究结果表明，1994～2005 年，能源强度降低主要得益于技术进步，但技术进步的贡献在 2001 年后不断降低，产业结构变动在 1998 年之前降低了能源强度，在 1998 年之后导致能源强度的上升，在技术进步效应中，化学原料及制品制造业、黑色金属冶炼及压延加工业、非金属矿物制品业等高耗能产业部门及居民消费业的技术进步是导致我国能源强度下降的主要原因。朱丽丽（2015）基于 2005～2014 年全国 30 个省（自治区、直辖市）的面板数据，将资本、劳动力、能源消耗量作为投入变量，将 GDP、二氧化碳排放作为产出变量，将二氧化碳排放纳入"多投入—多产出"的 DEA 模型，利用方向性距离函数，测算了碳排放约束下的全要素能源效率，结果显示：碳排放约束下的全要素能源效率高于未考虑碳排放约束的全要素能源效率。其对碳排放约束下全要素能源效率的影响因素进行了分析，得出以下结果：产业结构对碳排放约束下全要素能源效率具有负向作用，企业市场化程度、对外开放程度、交通基础设施、技术进步则与碳排放约束下全要素能源效率呈正相关关系。田璐璐、王姗姗等（2016）采用节能供给曲线方法对 31 项节能技术进行筛选，并分情景对河南省水泥行业 2030 年节能减排潜力进行预测，结果表明：减排潜力主要是由其他节能技术的推广应用来实现的，其中熟料替代与燃料替代所带来的减排效果最为明显。

3. 节能潜力的测算方法

目前，国内学者关于节能潜力预测提出了一些方法，其中最主要的方法有两种：参数对比法和结构演进法。史丹（2006）使用的参数对比法将条件趋同的区域划分为东部、中部、西部三大区域和华北地区、东北地区、西北地区、东南地区、西南地区、中南地区六个组，按三种方式计算节能潜力，并指出各地区在制定节能措施时要充分考虑本地区的特殊因素。杨敏英（2010）采用动态节能潜力的测算方法，测算我国未来长期的节能潜力，并依据地区之间的能源强度差距分析，提出挖掘节能潜力的政策建议。郑明慧（2012）利用参数对比法等，对国内各省份节能潜力进行了比较分析。张雷等（2008）通过结构演进—能源消费和结构演进—单位能耗两个模型，对美国、英国、法国、德国、日本和印度产业结构演进和能源消费情况进行了国际比较，分析结果表明，在现代化建设初期，第二产业为主的结构演进对国家能源消费需求产生了明显的增速效应；随着多元化进程的不断加快，产业结构的能源消费需求的减速作用开始逐步显现，从而形成由升到降的倒"U"形曲线变化形态。郑慧明、罗金莉（2011）引入"结构演进—能源消费"和"结构演进—单位能耗"两个模型，基于1982~2010年相关数据分别测算了河北省节能潜力。

此外，学者们还采取了其他方法对节能潜力进行分析。魏一鸣等（2007）通过建立能源经济模型，分析了投资率、能源价格、技术进步等影响能源需求的关键因素，针对不同的经济增长情景，对"十一五"期间我国的能源需求和节能潜力进行了预测，提出了力争在"十一五"期间实现较低能源需求的对策建议。李爱军（2010）把燃煤发电的工程子模型与能源CGE模型进行衔接而建立了混合CGE模型，通过对我国能源、经济和环境的复杂系统的仿真计算，对严格的节能减排政策下我国2030年以前的电力需求以及我国发展先进燃煤发电技术的节能量、大气污染物排放和温室气体排放进行了预测。屈小娥（2013）以中国30个省份为研究对象，以各省能源消费和经济增长总量为基础，通过建立模拟能源消费和经济增长的灰色预测GM（1，1）模型，实证测算了各省份"十二五"期间单位产值能耗的节能潜力、节能总量及对全国总节能量的贡献。韩中合、刘明浩等（2013）通过计算区域各行业的要素替代弹性，提出了一种基于要素替代弹性的要素结构节能潜力测算方法，并运用该方法测算了北京市2010年的要素结构节能潜力，测算结果表明：北京市各行业的能源要素与非能源资本要素之间存在微弱的替代关系，能源要素与劳动力要素之间存在替代或互补关系，由此可知，要素结构节能潜力巨大，通过对生产要素的合理配置，可为区域带来十分可观的节能效果。孙传旺、林伯强（2014）运用随机前沿生产函数模型测度了 2000~2009 年工业能源要素配置效率，并估算要素重置带来的节能潜力。冯烨（2015）的节能减排的潜力分析是对先进技术未来节能减排空间的评估和测算，通过选取工业能源消耗和先进技术专利数据，采用格兰杰因果分析研究先进技术对节能减排效果的影响；在先进技术是引起节能减排效果的假设基础上，选取中国工业重点行业——钢铁业、水泥业和建筑业近十年的技术数据，利用 Cite Space 进行技术热点和技术前沿领域分析；运用 CSC 节能减排供需曲线方法对技术进步的节能减排潜力进行了研究。蒋雪梅、祝坤福（2017）基于2007 年区分工业内、外资企业的非竞争型能源投入产出表，分析了我国工业内、外资企业的完全能耗强度差异，并测算了当各部门内资企业的相关技术达到外资企业水平时，工业整体的节能幅度。测算结果表明：内资企业需求结构、节能技术和生产技术的调整能分别为我国工业整体用能带来10%、22%和33%左右的节能潜力；结合政策可行性与推行成本等多方面的考虑，其认为推广先进企业的节能技术和设备是实现工业节能的有效途径。

4. 节能潜力的实现途径

（1）国外对节能途径的研究。20 世纪 70 年代石油危机之后，世界大多数国家开始注重节能，各国政府认识到化石能源的不可再生性，并且开始制定各种政策措施以提高能源效率，挖掘节能潜力，充分利用能源。David E. M. Sappington（2001）针对基于绩效的管制模式（PBR），认为其是调整美国电力市场过渡时期的一种好的方式，是传统的工业结构下的一种好的监管方法。Worrell E.、Boardman B. 等（2001，2004）介绍了发达国家节能的政策，强调了政府在市场经济条件下的重要作用。赵国成（2003）指出了产业节能投资是决定投资成果的关键因素，税收优惠措施对日本节能政策的成功也起到了举足轻重的作用。Geller Howard（2004）

详细介绍了韩国、巴西和菲律宾等国家关于提高能源效率、发展可再生能源等方面的相关政策，主要包括制定法规制度并依法进行节能管理、制定节能减排鼓励性和限制性政策、加大能效管理公共预算、实行能效标准和标识制度、节能减排宣传和开展广泛的国际排放贸易活动等。由然（2007）详细介绍了英国、法国、美国、西班牙、瑞典的节能措施。郁聪（2013）介绍了美国在电力公司、工业部门、商用建筑、居民生活、家用电器和汽车等行业部门的节能政策措施，并指出美国节能经验主要在于市场化导向，控制能源浪费。

（2）国内对节能途径的研究。总体来讲，我国学者所研究的节能途径大致包括技术节能、结构节能、运用价格杠杆节能以及制度节能等几个方面。史立山（2004）指出我国可再生能源资源非常丰富，主要包括水能、风能、太阳能、生物质能、地热能和海洋能等，可再生能源开发利用的潜力很大。陈军和徐士元（2008）运用向量自回归模型及脉冲响应函数和方差分解方法分析，发现增加科技投入、加速人力资本形成和促进 FDI 吸收利用，对中国能源效率的提高具有长期效应。李书锋（2009）认为通过研究政府激励行为与企业研发不确定性各因素之间的关系，对于可再生能源的发展具有重大意义。周英男、陈芳和李昕杨（2008）构建了有效引导企业节能的政策选择模型。成金华和李世祥（2010）认为短期内技术进步是提升能源效率的重要因素；在市场经济条件下，能源价格是保持能源效率长期稳定的激励机制。李虹（2011）指出，应大力发展风能，提高太阳能利用转化效率；生物质能在成本和资源分布方面具有较为明显的优势，而且利用方式较多；地热能和海洋能可以在特定的地区和资源条件下，因地制宜地发展。孙欣（2013）认为加快经济发展、优化产业结构、控制高能耗产品出口等是提高能源效率的主要措施。赵领娣（2013）指出，可以通过提升教育水平、优化人力资本效率、发展先进节能技术来提高社会整体能源利用效率。林伯强等（2013）认为，进一步推动我国市场化进程，提高能源效率，发挥市场对资源的配置作用，对建设节约型社会具有重大的现实意义。安岗、郁培丽、石俊国（2014）以工业部门 2003~2010 年 38

个行业的面板数据为样本，运用随机前沿方法对节能潜力进行了分析及比较，研究发现，资本密集型行业的能源利用效率最高，资源密集型行业的能源利用效率最低；各行业能源利用效率都有提高的趋势，节能潜力因行业而异；针对不同行业的节能潜力，政府应采取不同的节能激励政策。张磊、韩梦、陆小倩（2015）通过回归分析发现，供暖面积和能耗效率分别显著地正向和负向影响着耗煤量，对城镇化下的集中供暖人口的演变轨迹进行分析，进而划分出棚户区居民、老楼房居民、新楼房居民和流动暂住居民等供暖人群，构建出各群体人口增长及其供暖面积的核算模型，并预测出 2011~2025 年各地的供暖人口及供暖面积，最后结合现实情境、节能情境Ⅰ（住房保暖水平改造）和节能情境Ⅱ（取暖用能效率改造）的单位耗煤量，核算出各地供暖耗煤量及其节能潜力。

综上所述，尽管国内外学者对环境约束、能源效率与节能潜力进行了广泛和深入的研究，但经过归纳和总结可知，当前研究仍存在些许不足之处。

（1）从研究层面看，目前大部分研究停留在国家层面，对区域层面的节能潜力研究较少，对区域之间以及区域内省份之间缺乏横向比较研究，使国家节能降耗政策的制定与实施缺少"微观基础"。由我国的现实情况可知，各个区域间以及区域内省份间的自然环境、资源禀赋和经济水平等均存在差异，因此对各个区域以及区域内省份的节能潜力进行测算和分析十分必要。本书以我国能源最为富集但能源效率最为低下的西部地区作为研究对象，对西部地区总体和西部地区省份的节能潜力进行深入挖掘，以期为西部地区制定节能降耗政策提供参考。

（2）从研究方法看，关于全要素能源效率和节能潜力的测算，现有研究在指标确定上欠缺对非期望产出的考察，尤其是对工业废水、废气和固废的量化计算。此外，许多研究运用的是径向角度的 DEA 模型，但径向 DEA 模型存在的问题是，当投入过大或产出不充分时，其效率值可能出现被高估的现象；而径向角度的 DEA 模型存在的缺陷是其考察角度的问题，即仅从投入或产出的某一个方面做考察，因此常存在效率值并不完全一致的情况，从而效率值的准确性受到影响。本书采用超效率 SBM-Undesirable 模型测算环境约束下西部地区的全要素能源效率和节能潜力，可以较好地避免上述问题的发生。

此外，本书还对人工神经网络模型进行改进，运用 BP 神经网络模型对 2020 年和 2025 年中国西部地区节能潜力进行预测，以期为优化西部地区资源配置、挖掘西部地区节能潜力提供科学依据。

四、主要研究内容

本书以低碳经济为目标，研究西部地区的能源效率和节能潜力。第一，本书科学地界定了能源效率和节能潜力的概念，对国内外研究文献进行了系统的梳理。第二，运用超效率 SBM-Undesirable 模型分别测算了碳排放约束下西部地区全要素能源效率，并基于测度结果探析省际间能源效率差异。第三，将非期望产出引入 SBM 模型，计算能源消费投入冗余量，对西部地区节能潜力进行测算。第四，利用托宾（Tobit）模型对西部地区节能潜力影响因素进行计量分析，在此基础上全面提出西部地区节能潜力实现路径。第五，运用 BP 神经网络模型对西部地区节能降耗目标完成水平展开预测，对未能实现国家"双控"目标的重点地区提出具体对策建议。

五、研究方法

概括起来，本书的主要研究方法包括：①运用超效率 SBM-Undesirable 模型对中国全要素能源效率和节能潜力进行测算。数据包络分析法是一种对多投入/多产出的多个决策单元的效率评价方法，超效率 SBM－Undesirable 模型属于其中的一种改进方法，在解决投入冗余、产出不足以及包含非期望产出的问题时具有一定的优势。②用托宾（Tobit）模型对中国西部地区产业结构、能源结构、外资依存度、城市化进程水平、环境治理和技术创新与节能潜力之间的影响关系进行测算。若使用普通的最小二乘法（OLS）进行回归，则参数估计值会偏向于 0，而标准面板 Tobit 模型就能很好地解决这一问题。③运用 BP 神经网络模型对中国西部地区节能潜力进行预测。人工神经网络特别适合处理多因素、多条件、非线性和非局限性信息问题，在解决时间序列模拟与预测方面具有一定的优势。

六、本书的研究框架

本书共包括八章：

第一章为绪论。阐述本书的选题背景与意义，界定相关概念，梳理总结国内外研究现状，介绍研究方法、研究内容和主要研究框架。

第二章为相关理论概述。

第三章为西部地区全要素能源效率测度分析。分析我国西部地区能源特征，运用超效率 SBM－Undesirable 模型测度碳排放约束下西部地区全要素能源效率，并对地区间全要素能源效率的差异性进行分析。

第四章为西部地区节能潜力分析。通过引入非期望产出的 SBM 模型对中国西部地区节能潜力进行了横向和纵向测算，纵向分析得出西部地区存在一定节能空间，但各省区差异较大；从横向看，与东部发达地区相比，西部地区节能潜力巨大，其中新疆、青海、宁夏是重点节能省区。

第五章为西部地区节能潜力影响因素分析。运用 Tobit 模型测度影响西部地区节能潜力的主要因素及其效应，厘清西部地区节能潜力的影响机理。

　　第六章为西部地区节能潜力实现路径。从正确树立绿色发展理念、推动能源产业合理布局、提高清洁能源比重、转变经济发展方式、改革政绩考核制度以及制定差异化节能政策等七个方面给出西部地区节能潜力的实现途径。

　　第七章为西部地区节能降耗目标预测。运用 BP 神经网络模型预测2020 年中国西部地区的节能潜力，对未来西部地区节能潜力演进趋势进行分析。

　　第八章为"双控"目标下西部重点区域节能路径分析。根据西部地区单位 GDP 能耗和能源消费总量的"双控"目标完成情况，探索重点区域实现"十三五"节能降耗目标的方向和路径。

第二章

相关理论概述

一、低碳经济

随着全球气候变暖，低碳经济应运而生。低碳经济的术语最早在20世纪末出现，2003年2月24日在英国官方文件《我们未来的能源：创建低碳经济》白皮书中首次提出，英国计划于2050年将温室气体排放量降低到与1990年相比减少60%的水平，从而彻底转变为一个低碳经济国家。2006年，经济学家尼古拉斯·斯特恩牵头的《斯特恩报告》中提出，若全球为发展低碳经济每年贡献1%的GDP，可避免未来每年5%~20%的GDP损失，号召全球转型发展低碳经济。低碳经济的出现引起了全人类的思考和关注，"低碳化"发展成为应对气候变化的重要突破口。

截至目前，由于国内外学者研究的方向各有侧重，对低碳经济理论的描述还没有统一，但对其内涵达成的统一认识是：在经济社会良好发展的条件下，通过技术进步和制度改革等方式，最大限度地减少二氧化碳排放量，以减缓全球气候变暖问题，从而实现可持续发展。低碳经济是指当碳生产力和人文发展都达到较高层次时经济呈现的一种状态，即低碳经济的发展能实现"三低"（低能耗、低污染、低排放）模式，实现与环境和谐发展的特性，最终达到温室气体排放在可控范围内、人类社会经济发展迈向更高层次水平的目的。可见，碳生产力是低碳经济的一个重要量化指标，它通常是指由单位二氧化碳排放所产出的国内生产总值来衡量，其水平的提高意味着物质和能源消耗不断减少而社会财富不断增加；人文发展是一个关于经济社会能够协调、稳定、持续发展的综合性概念，包含经济发展、国民体质良好和文化氛围提升、自然环境良好、社会公平正义、居民福祉普遍增加等目标。这些都是人文社会发展的根本性要素，因此，发展低碳经济必须符合上述人文发展目标并受其约束，即致力于发展低碳经济是为了实现上述人文发展目标，同时，低碳经济的发展不能损害上述人文发展目标，否则将落入"舍本逐末"的窠臼。实现人文发展对碳排放有效约束的基本途径是通过科技创新、技术进步、产业升级等方式提高碳生产力。但是，应当注意这一目标实施的阶段性，由于能源和产业结构调整不可能在短期内完成，因此，在此阶段可以通过提高碳产出效率和能源利用方式，相对实现低碳目标。与此同时，从经济发展的长周期看，应当通过可替代清洁能源和先进低碳技术的发现、开发和普及，推动产业升级或对碳能源进行根本性取代等方式，实现社会碳排放总量的绝对下降。

低碳经济的发展包括低碳政策的制定和执行、低碳技术的创新和应用、低碳产业的布局与发展、低碳城市的规划和建设、低碳生活的普及过渡和逐步发展等。低碳经济与技术的创新能力和水平、经济发展水平和发展阶段、资源禀赋、政府干预、消费方式等因素紧密相关，并以低碳化进程来实现。低碳化主要包括碳排放的降低和能源效率的提高，即能源消费的清洁化和能源利用效率的提高，这取决于资源禀赋和技术水平。随着技术水平的提高、能源生产和消费结构的合理优化、政府服务水平的提升、节能环境的改善及社会生产力水平的提高，碳生产力也将不断提升，因此，从长期趋势看，低碳化进程与碳生产力提高的过程不谋而合，密不可分。综上所述，低碳经济的五个核心要素为技术水平、经济水平、资源禀赋、政府干预、消费方式。其中，低碳化的进程和水平又与经济发展水平和发展阶段密切相关。因此，低碳经济的概念模型如下：$LCE = f(T, E, R, G, C)$。其中，LCE 代表低碳经济（Low Carbon Economy）；T 代表技术水平，指主要能源生产力水平，即产品和工艺的碳效率水平，一般生产力技术水平因社会发展阶段而异，但这种情况并不适用于低碳经济，因为某些国家通过先进低碳技术的创新发展和充分利用，避免了传统发展道路——"先污染、后治理"，从而低碳经济实现跨越式的发展；E 代表经济水平，主要体现在 GDP、产业结构、人均国民收入、经济增长速度和城市化水平等；R 代表资源禀赋，主要是指人力资源和能源资源，如常规能源、新能源、碳汇资源等；G 代表政府干预，主要是指低碳经济的发展需要政府的规划和支持，政府利用经济手段、法律手段等促进低碳经济发展；C 代表消费方式，消费习惯的不同、消费水平的高低、消费资料的差异对碳的需求或排放不同。

低碳经济理论为本书写作提供了一定的理论基础，证实了在考察全要素能源效率和节能减排潜力时考虑二氧化碳排放这一因素的合理性和重要性，为西部地区节能减排政策制定和实施提供了参考，也为地区经济发展指引了方向。

二、环境库兹涅茨曲线

21 世纪以来，随着人口、资源与环境之间的问题与矛盾日益突出，环境保护与生态建设逐渐被世界各国所重视。尤其是许多发展中国家过去采用"先污染、后治理"的发展方式，以资源和环境过度消耗为代价换取经济增长，使资源和环境约束显著强化，逐渐成为经济和社会进一步发展的障碍。环境污染主要来源于能源过度开采和粗放使用，但能源也是经济增长的重要引擎和活力源泉，如何正确处理好环境污染与经济发展之间的关系，成为当下社会各界广泛讨论与密切关注的热点问题。

诸多学者认为环境污染与经济增长是此消彼长的关系，降低环境污染的同时必然会牺牲一定程度的经济增速。也有部分学者持相反观点，认为环境污染与经济增长存在倒"U"形的非线性关系。基于以上争论，Panayotou T.（1993）借用 Kuznets S.（1955）在 *Economic Growth and Income Inequality* 中的"Kuznets Curve"，创造性地提出了"Environmental Kuznets Curve"，即"环境库兹涅茨曲线"，具体如图 2-1 所示。

如图 2-1 所示，在经济发展达到"拐点"后，继续增长并没有带动环境质量的改善。由此可知，在经济发展较为迅速的初始阶段，生产技术和机器设备较为落后，人力资本水平整体较低，导致资源利用效率不高，造

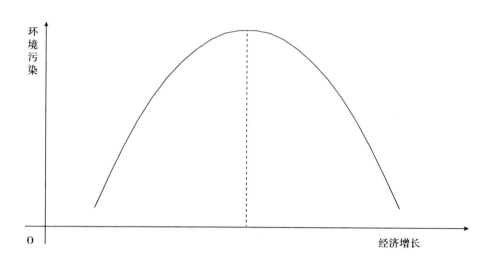

图 2-1 环境库兹涅茨曲线

成了大量环境污染。随着经济水平的不断提升，在完成资本的原始积累后，技术进步与技术创新得到重视，科学技术逐渐成为经济增长的活力源泉，造成环境污染的落后产业逐渐被清退和淘汰，环境质量也由此得到改善。简而言之，环境库兹涅茨曲线表明早期经济快速增长会加剧生态破坏与环境污染，但经济发展达到一定水平后将达到某个临界值或"拐点"，随后经济发展将促进生态建设与环境改善。环境库兹涅茨曲线为我国西部地区节能降耗现状解释与评价提供了理论参考。

三、波特假说

　　第一次工业革命后，世界范围内掀起了工业化发展浪潮，工业化的持续推进也为世界经济发展做出了巨大贡献，人类的生活水平获得了极大的提升。值得注意的是，随着工业化进程的不断加快，生态环境遭到破坏，能源资源过度消耗，环境污染日益严重，经济与环境也由此陷入了此消彼长的困境。

21 世纪以来，人类对资源与环境问题关注度逐渐提升，如何兼顾经济与环境已成为社会热点话题。传统新古典主义认为环境管制与经济发展难以两全，即环境管制增加了厂商生产成本，虽然对社会产生了积极的外部效应，但难以抵消对厂商的消极效应，环境政策的制定与实施将削弱企业在全球市场的竞争优势，进而阻碍本地产业的创新与发展。

Michael E. Porter（1991）在大量案例分析的基础上，对传统理论提出了质疑。他认为环境管制不仅不会降低经济发展水平，反而可以促使企业加大研发投入，最大限度地发挥能源效率，有效地改善环境治理水平，该观点被称为"Porter Hypothesis"，即"波特假说"。

"波特假说"理论指出，从微观的角度看，尽管在前期企业为了降低污染而加大环保投入，相比没有环保投入的企业生产成本暂时增加，行业竞争力也遭到一定程度的削弱。但随着企业长期的发展与进步，企业科技与创新能力将高于同行业水平，在先进生产力和竞争力的带领下，企业生产方式和生产设备也相应实现调整升级，由此实现环境保护与利润增加的双重效益。从宏观的角度看，"波特假说"倡导政府实施严格的环境管制政策，促进社会技术进步和提升创新速度，提高全社会生产效率和企业竞争力，最终实现经济增长与环境保护共赢。在我国西部地区环境状况逐渐恶化的情况下，"波特假说"为我国西部地区制定环境政策提供了理论依据。

四、可持续发展

早在 20 世纪 70 年代，Brown L. R. 在 *Building a Sustainable Society* 一文中最早提出了"Sustainable Development"说法。随后，世界环境与发展委员会（WCED）在 *Our Common Future* 报告中，正式提出了"可持续发

展"概念。在经过诸多学者的传播和完善后，可持续发展的思想与内涵逐渐形成，主要包括以下三点：

（1）经济可持续发展。经济可持续发展不是以环境保护的名义抑制发展，而是提倡在保护环境的基础上进行发展。在经济可持续发展过程中，要将传统发展中"高耗能、高投入、高污染"的落后产能转变为"低耗能、低投入、低污染"的先进产能，通过新旧动能转换，实现节能降耗和环境保护，从而提高经济活动的经济效益、环境效益和社会效益。从某种角度上讲，集约型经济增长方式是经济可持续发展的一种良好体现。

（2）生态可持续发展。生态可持续发展要求社会发展水平必须要与环境承载能力相适应，一切发展必须以生态建设和环境保护为前提，人类发展行为要严格控制在地球承载能力范围之内。由此可知，生态可持续发展将社会发展中经济增长与环境保护从相互排斥、相互制约的对立面转换为相互补充、相互促进的共同面，进而从根本上解决社会发展的经济与环境问题。

（3）社会可持续发展。社会可持续发展的核心在于人类生活质量与生活水平的提升，最终目标是创造一个平等、自由、教育、人权和免受暴力的社会环境。也就是说，在可持续发展的理念下，经济可持续是基础，生态可持续是条件，社会可持续是目的。在社会可持续发展理念的指引下，人类共同追求的是"自然—经济—社会"全面协调的可持续发展。

五、"资源诅咒"理论

资源禀赋和经济增长两者之间的关系一直备受经济学家的关注。传统经济增长理论认为丰富的自然资源对经济发展会起到极大的促进作用，随着 20 世纪中后期许多资源丰富经济体出现经济恶化，这一观点受到了质疑。1993 年，Auty 通过研究第一次提出了"资源诅咒"的概念，即资源丰富对一些经济体经济发展不但不是积极因素，反而会成为一种限制。

一般对"资源诅咒"的研究多集中于自然资源禀赋与经济增长的关系，即资源禀赋丰富的经济体的经济增速会慢于资源短缺的经济体。其本质反映了资源与经济增长的消极关系。现有的研究中，许多学者通过实证分析证实了其在一定范围的存在性。研究中还通过借助相关理论探讨了各个方面的"资源诅咒"现象存在的可能性。

"资源诅咒"的主要传导路径有：①"荷兰病"模式，即初级产品生产及销售耗费过多资本财富，对工业生产的忽视导致经济结构单一，从而使国家致贫。②技术水平低，创新力不足。由于资源丰富，"重生产，轻技术"的情况时有发生，创新活动的投入和激励较少，导致环保、开发的技术水平提升受到抑制。③自然资源粗放式开发及利用，导致资源掠夺式利用和环境污染破坏，地质灾害频发，水土流失严重等。④"寻租"现象的集聚，由于资源带来的高回报，使得"寻租"土壤滋生，国家制度和管理出现漏洞，影响经济效率和经济发展。

"资源诅咒"理论在我国区域经济存在性的问题研究中，则需要考虑如下问题：①资源指标体系的建立。在"资源诅咒"中资源的定义不仅局限于自然资源，还应考虑不易估量的资源，如海洋资源、港口资源等。②资源对地区发展的重要性。若考察地域中，某种资源虽然充裕，但并不是该地的支柱资源，或者其对经济的贡献微乎其微，则以此来说明"资源诅咒"的存在有失偏颇。③其他因素对经济发展的影响。资源富集的地域由于经济发展模式的问题会在一定程度上抑制经济的发展，但严重的政局问题、制度问题、人力资本问题、生态环境问题等会对经济造成更大影响。

西部地区自然资源丰富，但经济发展相对滞后，这似乎印证了"资源诅咒"理论在西部地区的存在性。通过对"资源诅咒"理论的研究，本书选择出节能减排潜力的影响因素指标体系，以测量出各因素对地区经济发展中节能减排的影响程度和作用方向，从侧面考量出西部地区是否被资源"所累"。

六、污染天堂假说

　　"污染天堂假说"（Pollution Haven Hypothesis，PHH）也称"污染避难所假说"或"产业区位重置假说"，是指当发达国家进行海外投资、产业转移选择时，如果其他条件一致，但由于发展中国家发展层次不一致，其对环境管制的程度也不一样，环境标准较低的国家将会成为优先选择，而这些国家将会成为"污染天堂"。现实的选择中，低环境管制将会降低发达国家转移这些高耗能、高污染企业的成本，但与此同时，发展中国家由于发展程度低，被迫走上通过资源消耗、环境污染来换取经济发展的不归路，最终导致经济的可持续性和生态环境遭到威胁。该理论最早由 Walter和 Ugelow 提出，其假设是潜在优势现实存在，潜在贸易和产业区位会受到经济体比较优势变化的影响，同时，环境管制程度的差别会使得污染产业从环境标准高的地区向环境标准较低的地区转移。

　　"污染天堂假说"可以从跨国企业产业布局和国家间相对优势两方面进行理论说明。从微观层面来说，跨国公司为了减少生产成本，通过自由贸易企业会将污染密集型产业转移到环境规制较少的发展中国家。这就形成了发展中国家对污染密集型产品进行生产而发达国家对这些产品进行消费的现象，这实际上是跨国公司之间的成本最小化的生产选择。从宏观层面来讲，这实际上是发展中国家和发达国家之间的环境约束差异，使发展中国家凭借自身的低环境成本优势吸引发达国家的资本流入，随着发达国家的发展水平逐渐上升，环境规制成本越来越高，使得发展中国家低廉的环境成本越来越具有优势，发展中国家成为污染的"天堂"。在环境库兹涅茨模型的视角下考虑"污染天堂"的问题时可以发现，当一国居民生活水平较低时，相对于优质的环境需求更偏向于对财富的需求，但是随着收入水平逐渐提高，对环境质量的需求越来越高，并将有可能超过对财富的需求，这正好印证了环境库兹涅茨模型的倒"U"形曲线，当一国的环境库兹涅茨曲线处于上升区域时，该国属于"污染天堂"，而当库兹涅茨曲线处于下降区域时该国将向外寻找新的"污染天堂"。

　　"污染天堂假说"的经济学原理看似简单，但到目前为止，对于一个国家是否存在"污染天堂"的判断却存在诸多争议，大多从对外贸易和FDI与"污染天堂"之间的联系两方面进行研究。一般认为，无论是长期还是短期，自由贸易引起的环境后果都是消极的，贸易国可以通过降低本国环境标准的方法促进自由贸易。FDI流入是否使西部地区成为"污染天堂"将在本书中进行进一步探讨。

第三章

西部地区全要素能源效率测度分析

一、我国西部地区能源特征分析

能源是经济和社会发展过程中不可缺少的物质基础，也是推动经济快速发展的主要动力。我国地区能源分布与经济发展极不匹配，在经济发展迅速的东部地区，能源储备资源不足；西部地区虽拥有丰富的能源，但经济发展却差强人意。西部地区有着丰富的能源资源，如煤炭、石油、天然气等，在我国资源能源中占有重要地位。

我国西部地区主要包括重庆、四川、贵州、云南、西藏等在内的12个省区市，总面积占全国的71.4%，能源资源（包括油气、煤、水电及可再生能源）在我国低碳经济发展过程中的战略位置十分重要。内蒙古、新疆、陕西、宁夏、甘肃、贵州等12个省区的全部或大部，能源资源量大于1000亿吨，是中国煤炭资源集中分布的地区，其所拥有的能源资源量占全国总资源量的50%左右，而内蒙古、陕西、宁夏、甘肃、贵州、云南、四川、新疆各省区的煤炭储存量达到2440.10亿吨，在全国范围内可测度的煤炭储存量中占比很大，从2004年开始，西部地区的能源储量在全国能源储量中的占比一直处于上升趋势，其中，西部地区煤炭储量从2004年的44.2%上升到2016年的46.36%，石油储量从2004年的25.98%上升到2016年的41.80%，储藏量数值达到146336.10亿吨，天然气储量从2004年的53.85%上升到2016年的83.80%。

从能源消费情况看，2000~2016年西部各省区能源消费量均呈现出加速增长趋势。2000年实施西部大开发战略以来，西部各省区能源消费量快速增长，而对于技术相对落后的西部地区，能源资源的大规模开发和利用会致使能源利用效率低下以及严重浪费。由图3-1可知，2000~2016年，内蒙古和四川能源消费增长相对较快，青海和宁夏能源消费增长较缓慢。而广西、贵州、云南等地区能源消费规模和增长速度差距不大，从2011年

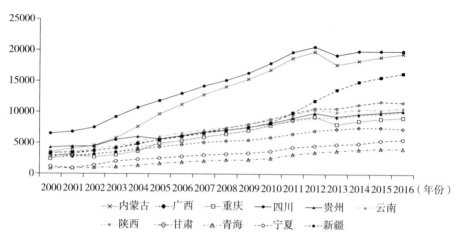

图 3-1 2000~2016 年西部各省份能源消费总量

资料来源:《中国能源统计年鉴》。

起,相对于西部其他省份而言新疆能源消费增长较为明显。从数量方面来看,能源消费量最大的是四川,最小的是青海、宁夏,陕西在 2010 年之后能源消费量增长幅度较大,但四川、内蒙古、重庆在 2012 年有下降趋势。

西部地区具有典型的煤炭资源消费特征,2000~2016 年西部各省份煤炭消费量呈现缓慢增长趋势,其中 2005 年之前都以平缓趋势上升,2006 年内蒙古的煤炭消费量发生了巨大变化,而在 2006 年突增之后 2007 年大幅度突降,直到 2011 年之后才逐渐趋于平缓。从增长趋势来看,增长最快的是内蒙古,增长最慢的是青海。相对于其他各省份,陕西、新疆、宁夏增长较快,2010 年之前,四川、贵州的煤炭资源消费量以较快速度增长,2010 年以后,增长趋势相对平缓。2004~2016 年西部地区煤炭消费量最大的是内蒙古,2010 年新疆和陕西的上升趋势明显,在能源消费总量上升的前提下,煤炭消费量的上升趋势尤为明显,能源消费量最小的是青海,如图 3-2 所示。

在 2015 年 11 月所发布的《中共中央关于制定国民经济和社会发展第

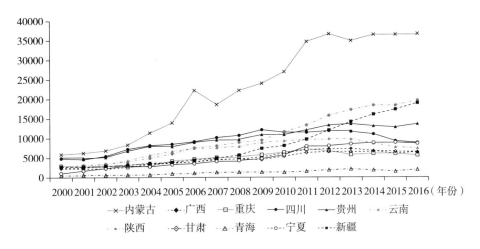

图 3-2　2001~2016 年西部各省份煤炭消费量

资料来源:《中国能源统计年鉴》。

十三个五年规划的建议》中提到:在"十三五"期间,能源规划的主要任务是着力解决我国能源地域分布及能源发展中出现的两大矛盾。包括将新疆、云南、陕西等地列入了能源基地,在煤炭供应过剩问题上,陕北基地和新疆基地优先发展和优先开发以发挥西部地区能源优势。为优化能源工业产业结构、推动资源富集区经济发展奠定了良好基础。

二、西部地区全要素能源效率测度

(一)研究方法

Farrell M. J.(1957)提出了基于相对效率的多投入多产出分析方法,即"数据包络分析"(Data Envelopment Analysis,DEA)。数据包络分析是通过构建决策单元(Decision Making Units,DMU)非参数线性生产前沿面，以 DMU 与生产前沿面的偏离程度衡量 DMU 相对效率值。假定生产系统有 n 个 DMU，每个 DMU 中投入和产出分别有 m 种和 s 种，第 i 个 DMU 的效率为 θ，可建立 DEA 模型，如式（3-1）所示。

$$\min\theta$$

$$s.t. \begin{cases} -y + \sum_{i=1}^{n} y_i \lambda_i \geqslant 0 \\ \theta x_i - \sum_{i=1}^{n} x_i \lambda_i \geqslant 0 \\ \lambda \geqslant 0 \end{cases} \tag{3-1}$$

其中，θ 为标量，λ 为 n×1 的常向量，该模型被称为 CCR 模型。但是在实际的生产过程中，很多产出是生产所不期望的"非期望产出"，若不考虑在测算范围内，就不能真实反映 DMU 效率值。在此基础上，Tone K.（2001）提出了一个基于松弛测度的 SBM（Slack-Based Model）模型。假定生产系统中有 n 个 DMU，每个 DMU 中有投入向量 X 和产出向量 Y，可以定义生产可能集 P，如式（3-2）所示。

$$P = \{(x, y) \mid x \geqslant X\lambda, y \leqslant Y\lambda, \lambda \geqslant 0\}$$

$$X = (x_{i,j}) \in R^{m \times n}, Y = (y_{i,j}) \in R^{s \times n}, x_0 = X\lambda + S^-, y_0 = Y\lambda - S^+$$

$$\lambda \geqslant 0, S^- \geqslant 0, S^+ \geqslant 0 \tag{3-2}$$

通过松弛量可以定义效率指数 ρ 的计算方法，如式（3-3）所示。

$$\rho = \frac{1 - \frac{1}{m} \sum_{i=1}^{m} \frac{s_i^-}{x_{i,0}}}{1 - \frac{1}{S} \sum_{r=1}^{s} \frac{s_i^+}{y_{r,0}}} \tag{3-3}$$

建立测算每个 DMU 效率的 SBM 模型，如式（3-4）所示。

$$\rho^* = \min \frac{1 - \frac{1}{m} \sum_{i=1}^{m} \frac{s_i^-}{x_{i,0}}}{1 - \frac{1}{S} \sum_{r=1}^{s} \frac{s_i^+}{y_{r,0}}}$$

$$\text{s. t.} \begin{cases} x_0 = X\lambda + S^- \\ y_0 = Y\lambda - S^+ \\ \lambda \geqslant 0,\ S^- \geqslant 0,\ S^+ \geqslant 0 \end{cases} \tag{3-4}$$

随后，Tone K.（2002）在 SBM 模型的基础上，提出了可以处理非期望产出的 SBM-Undesirable 模型。假定生产系统中有 n 个 DMU，每个 DMU 中包括了投入向量 X、期望产出向量 Y^g 和非期望产出 Y^b，可以定义生产可能集 P，如式（3-5）所示。

$$P = \{(x,\ y^g,\ y^b) \mid x \geqslant X\lambda,\ y^g \leqslant Y^g\lambda,\ y^b \leqslant Y^b\lambda,\ \lambda \geqslant 0\}$$

$$x \in R^m,\ y^g \in R^{S_1},\ y^b \in R^{S_2} \tag{3-5}$$

$$X = (x_{i,\,j}) \in R^{m \times n},\ Y^g = (y_{i,\,j}) \in R^{s_1 \times n},\ Y^b = (y_{i,\,j}) \in R^{s_2 \times n}$$

$$X > 0,\ Y^g > 0,\ Y^b > 0$$

依照 Tone K. 提出的处理办法，假定每个 DMU 有 m 个投入，有 S_1 个期望产出，S_2 个非期望产出，投入、期望产出和非期望产出的松弛量分别用 S^-、S^g 和 S^b 表示，λ 是权重向量，建立 SBM-Undesirable 模型，如式（3-6）所示。

$$\rho^* = \min \frac{1 - \dfrac{1}{m}\sum\limits_{i=1}^{m} \dfrac{s_i^-}{x_{i,\,0}}}{1 + \dfrac{1}{S_1 + S_2}\left(\sum\limits_{r=1}^{s_1} \dfrac{s_r^g}{y_{r,\,0}^g} + \sum\limits_{r=1}^{s_2} \dfrac{s_r^b}{y_{r,\,0}^g}\right)}$$

$$\text{s. t.} \begin{cases} x_0 = X\lambda + S^- \\ y_0^b = Y^g\lambda - S^g \\ y_0^b = Y^b\lambda + S^b \\ \lambda \geqslant 0,\ S^- \geqslant 0,\ S^g \geqslant 0,\ S^b \geqslant 0 \end{cases} \tag{3-6}$$

对于待估 DMU，当且仅当 $\rho^* = 1$，即 $S^- = 0$、$S^g = 0$、$S^b = 0$ 时，该 DMU 是有效的。

诸多学者在进行效率测算时发现，当 DMU 效率达到 1 时，最优效率 DMU 之间便无法比较。Tone K.（2004）提出了一个解决非期望产出的超效率 SBM-Undesirable 模型，用于评价 SBM-Undesirable 有效的 DMU，弥补了不能横向比较最优效率 DMU 的缺点。用（X，Y）可去除点 x_0、y_0^g，y_0^b 定义生产可能集 P' 和 $\overline{P'}$，如式（3-7）所示。

$$P'(x_0, y_0^g, y_0^b) = \left\{ \overline{x}, \overline{y_0^g}, \overline{y_0^b} \mid \overline{x} \geq X\overline{\lambda}, \overline{y_0^g} \leq Y^g\overline{\lambda}, \overline{y_0^b} \geq Y^g\overline{\lambda}, \overline{y} \geq 0, \lambda \geq 0 \right\}$$

$$\overline{P'}(x_0, y_0^g, y_0^b) \subseteq P'(x_0, y_0^g, y_0^b) \tag{3-7}$$

$$\overline{P'}(x_0, y_0^g, y_0^b) = P'(x_0, y_0) = \cap \left\{ \overline{x} \geq x_0 \text{ and } \overline{y} \leq y_0 \right\}$$

建立了超效率 SBM-Undesirable 模型，如式（3-8）所示。

$$\alpha^* = \frac{\dfrac{1}{m}\sum_{i=1}^{m}\dfrac{\overline{x}}{x_{i0}}}{1 + \dfrac{1}{S_1 + S_2}\left(\sum_{r=1}^{s_1}\dfrac{s_r^g}{y_{r0}^g} + \sum_{r=1}^{s_2}\dfrac{s_r^b}{y_{r0}^g}\right)}$$

$$\text{s. t.}\begin{cases} \overline{x} \geq X\lambda \\ \overline{y^g} \leq Y^g\lambda \\ \overline{y^b} \geq Y^b\lambda \\ \overline{x} \geq x_0, \ \overline{y^g} \leq y_0, \ \overline{y^b} \geq y_0^b, \ \lambda > 0 \end{cases} \tag{3-8}$$

改进后的超效率 SBM-Undesirable 模型不仅可以将非期望产出纳入效率考察范围，还可以比较有效评价单元之间的效率，使 DMU 的效率值更加准确、科学。因此，本书运用超效率 SBM-Undesirable 模型测算环境约束下中国各省区全要素能源效率，在此基础上计算环境约束下中国西部地区的节能潜力。

（二）数据引用及说明

在对能源资源特征分析的基础上，选择 2000～2016 年全国 30 个省份

（不包括中国香港、中国澳门、中国台湾）的数据为样本，而在西部12个省份中，由于西藏自治区数据缺失故未包含在内，选取剩余11个省份的投入产出数据作为样本。数据均根据《中国统计年鉴》《中国能源统计年鉴》《中国环境统计年鉴》等整理所得。

本书中使用到的变量主要有：投入变量，包括资本存量（K）、劳动力（L）和能源消费（EU）三个变量、合意产出变量和非合意产出变量；资本存量，采用"永续盘存法"估算，公示表示为

$$K_{i,t} = I_{i,t} + (1-\delta_{i,t}) \, K_{i,t-1}$$

其中，K表示资本存量，I表示投资额，δ为折旧率，i、t分别表示地区和年份。在单豪杰（2008）的测算方法（以折旧率10.96%测算生产性资本存量）中，将数据转化为以2015年为不变价的资本存量。劳动力变量则用全国各省份2000~2016年就业人数做指标。2000~2016年能源耗费量作为能源投入指标。出于对物价变动因素及资本存量的测算基期的考虑，本书以2015年为基期测算各省区历年GDP。非合意产出为环境污染综合指数。在参考屈小娥（2012）和常乃磊的研究的基础上，本书选取各省工业二氧化硫排放量、工业废水排放量和工业固体废弃物产量三类污染指标，并采用熵值法将三种污染指标综合为能够代表各省区整体环境质量的环境污染综合指数，具体步骤如下。

（1）原始数据标准化。由于本书中不存在量纲的影响，不需要进行标准化处理，若数据中有负数，就需要对数据进行非负化处理。此外，为了避免求熵值时对数的无意义，需要进行数据平移：

$$x_{ij}' = \frac{x_{ij} - \min(x_{1j}, \cdots, x_{mj})}{\max(x_{1j}, \cdots, x_{mj}) - \min(x_{1j}, \cdots, x_{mj})}, \ i = 1, \cdots, m; \ j = 1, \cdots, n$$

$$(3-9)$$

（2）计算第j项指标下第i个方案占该指标的比重p_{ij}：

$$p_{ij} = \frac{x_{ij}'}{\sum\limits_{i=1}^{n} x_{ij}'}, \ i = 1, \cdots, m; \ j = 1, \cdots, n \qquad (3-10)$$

（3）计算第j项污染指标的熵值：在m个样本个数、n个指标个数中，

第 j 项指标的熵值为：

$$e_j = -\frac{1}{\ln(m)} \cdot \sum_{i=1}^{n} p_{ij}\ln(p_{ij}) \qquad (3-11)$$

（4）计算第 j 项污染指标的熵权：

$$w_j = \frac{1-e_j}{\sum_{j=1}^{n}(1-e_j)}, \ w_j \in (0, 1), \ \sum_{1}^{n} w_j = 1 \qquad (3-12)$$

（5）计算第 i 年份的环境污染综合指数值 s_i：

$$s_i = \sum_{j=1}^{n} w_j \cdot p_{ij} \qquad (3-13)$$

s_i 为第 i 年份的环境污染综合指数，综合指数越大，说明环境恶化。

（三）西部地区全要素能源效率测度结果分析

通过超效率 SBM-Undesirable 模型的计算，本部分通过对西部地区内的全要素能源效率纵向对比和西部地区与全国全要素能源效率的平均水平以及前沿面省份横向对比来对西部地区的能源效率做更为详细的分析研究。

1. 西部地区全要素能源效率纵向对比

2000~2016 年西部地区环境约束下全要素能源效率如表 3-1 所示。

表 3-1 2000~2016 年西部地区环境约束下全要素能源效率

年份 \ 地区	内蒙古	广西	重庆	四川	贵州	云南	陕西	甘肃	青海	宁夏	新疆
2000	0.559	0.569	0.570	0.517	0.336	0.472	0.471	0.444	0.332	0.324	0.402
2001	0.556	0.583	0.538	0.517	0.324	0.479	0.455	0.444	0.329	0.320	0.402
2002	0.551	0.574	0.559	0.515	0.319	0.469	0.450	0.434	0.319	0.313	0.395
2003	0.534	0.568	0.535	0.500	0.305	0.464	0.446	0.429	0.315	0.292	0.391
2004	0.500	0.552	0.507	0.500	0.303	0.456	0.448	0.427	0.305	0.280	0.387

年份＼地区	内蒙古	广西	重庆	四川	贵州	云南	陕西	甘肃	青海	宁夏	新疆
2005	0.467	0.534	0.464	0.501	0.327	0.442	0.439	0.435	0.299	0.271	0.386
2006	0.449	0.521	0.459	0.499	0.331	0.445	0.435	0.434	0.299	0.263	0.388
2007	0.441	0.508	0.470	0.500	0.346	0.452	0.434	0.434	0.305	0.263	0.396
2008	0.443	0.492	0.483	0.491	0.344	0.461	0.438	0.428	0.315	0.262	0.402
2009	0.439	0.465	0.495	0.498	0.342	0.451	0.433	0.424	0.310	0.252	0.400
2010	0.438	0.436	0.513	0.508	0.344	0.428	0.430	0.421	0.312	0.250	0.399
2011	0.438	0.419	0.528	0.518	0.348	0.412	0.432	0.420	0.303	0.247	0.393
2012	0.437	0.418	0.545	0.529	0.345	0.402	0.435	0.423	0.294	0.249	0.380
2013	0.441	0.436	0.596	0.552	0.348	0.410	0.450	0.422	0.285	0.249	0.361
2014	0.442	0.443	0.610	0.558	0.342	0.399	0.455	0.418	0.276	0.243	0.350
2015	0.458	0.453	0.632	0.571	0.340	0.404	0.462	0.418	0.271	0.235	0.343
2016	0.478	0.460	0.665	0.588	0.340	0.406	0.471	0.423	0.274	0.235	0.346
平均	0.475	0.496	0.539	0.521	0.334	0.438	0.446	0.428	0.303	0.268	0.384
排名	4	3	1	2	9	6	5	7	10	11	8

资料来源：《中国能源统计年鉴》。

从表3-1可以看出，中国西部地区环境约束下全要素能源效率有如下特征。

（1）从能源效率的数值来看，西部地区能源效率大致分为三个梯队：位于第一梯队的重庆和四川能源效率均值高于0.500，处于生产前沿面上，能源效率整体较高；位于第二梯队的广西、内蒙古和陕西能源效率介于0.440~0.500，处于中间水平；能源效率均值低于0.440的云南、青海、贵州、宁夏、新疆和甘肃位于第三梯队，能源效率整体水平低下。

（2）从能源效率的变动趋势来看，甘肃、贵州、新疆和云南随着年份的推移小幅度上下浮动，变化趋势并不明显；宁夏和青海从2000~2016年整体呈现波动下降的趋势；而广西、内蒙古、重庆、四川和陕西整体呈现先下降后上升的趋势，总体而言，趋势变化不大。

（3）能源效率的提升程度不同，环境约束下，重庆和四川能源效率的提升空间较小；广西、内蒙古和陕西的能源效率存在有限的能源效率提升空间；而宁夏、甘肃、新疆、云南、青海和贵州六个地区的能源效率提升空间则较大。

2. 西部地区全要素能源效率横向对比

（1）与全国平均水平相比。2000~2016年西部地区与全国平均全要素能源效率如图3-3所示。

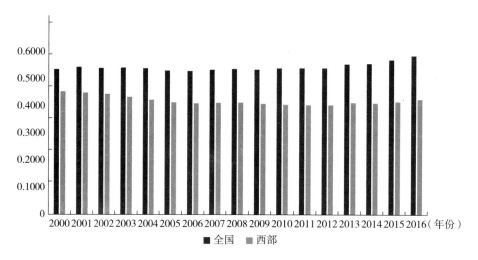

图3-3　2000~2016年西部地区与全国平均全要素能源效率

资料来源：笔者计算整理而得。

由图3-3可知，通过对西部地区全要素生产率与全国平均水平的比较，可以得出：从整体水平上看，西部地区2000~2016年的全要素能源效率均值低于全国平均水平，并且从2000年开始，全国平均水平基本维持稳定不变，西部地区的全要素能源效率均值出现缓慢的下降趋势，在2009年缓慢上升之后，2013年处于基本不变的状态，2013~2016年全国平均能源效率在缓慢上升，同时西部地区的能源效率也在缓慢上升，但2016年依旧低于2000年。2000~2016年西部地区与全国平均全要素能源效率如表3-2所示。

表 3-2 2000~2016 年西部地区与全国平均全要素能源效率

地区 年份	内蒙古	广西	重庆	四川	贵州	云南	陕西	甘肃	青海	宁夏	新疆	全国 平均
2000	0.559	0.569	0.570	0.517	0.336	0.472	0.471	0.444	0.332	0.324	0.402	0.519
2001	0.556	0.583	0.538	0.517	0.324	0.479	0.455	0.444	0.329	0.320	0.402	0.528
2002	0.551	0.574	0.559	0.515	0.319	0.469	0.450	0.434	0.319	0.313	0.395	0.524
2003	0.534	0.568	0.535	0.500	0.305	0.464	0.446	0.429	0.315	0.292	0.391	0.525
2004	0.500	0.552	0.507	0.500	0.303	0.456	0.448	0.427	0.305	0.280	0.387	0.523
2005	0.467	0.534	0.464	0.501	0.327	0.442	0.439	0.435	0.299	0.271	0.386	0.515
2006	0.449	0.521	0.459	0.499	0.331	0.445	0.435	0.434	0.299	0.263	0.388	0.513
2007	0.441	0.508	0.470	0.500	0.346	0.452	0.434	0.434	0.305	0.263	0.396	0.518
2008	0.443	0.492	0.483	0.491	0.344	0.461	0.438	0.428	0.315	0.262	0.402	0.521
2009	0.439	0.465	0.495	0.498	0.342	0.451	0.433	0.424	0.310	0.252	0.400	0.519
2010	0.438	0.436	0.513	0.508	0.344	0.428	0.430	0.421	0.312	0.250	0.399	0.524
2011	0.438	0.419	0.528	0.518	0.348	0.412	0.432	0.420	0.303	0.247	0.393	0.524
2012	0.437	0.418	0.545	0.529	0.345	0.402	0.423	0.423	0.294	0.249	0.380	0.524
2013	0.441	0.436	0.596	0.552	0.348	0.410	0.450	0.422	0.285	0.249	0.361	0.538
2014	0.442	0.443	0.610	0.558	0.342	0.399	0.455	0.418	0.276	0.243	0.350	0.540
2015	0.458	0.453	0.632	0.571	0.340	0.404	0.462	0.418	0.271	0.235	0.343	0.554
2016	0.478	0.460	0.665	0.588	0.340	0.406	0.471	0.423	0.274	0.235	0.346	0.569
平均	0.475	0.496	0.539	0.521	0.334	0.438	0.446	0.428	0.303	0.268	0.384	

资料来源：笔者计算整理而得。

由表 3-2 可知，通过对西部地区各省份全要素能源效率与全国平均水平的比较可以看出：从西部地区各省份全要素能源效率来看，即使西部地区处于前沿面的重庆和四川，2000~2016 年有个别年份超过了全国平均水平，但在总体上，只能持平于全国平均水平，而对于西部地区低能效的省份如宁夏、青海、贵州、新疆而言，其能源效率与全国平均全要素能源效率相差较大，这正好解释了图 3-3 中西部地区在前沿面省份带领的前提下依旧与全国平均水平存在差距的原因。

（2）与前沿面省份对比。2000~2016 年西部地区与前沿面省份（广东）全要素能源效率如图 3-4 所示。

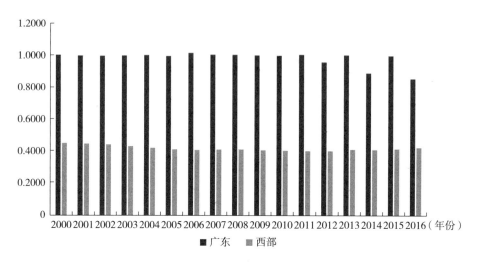

图 3-4　2000~2016 年西部地区与前沿面省份（广东）全要素能源效率

资料来源：笔者计算整理而得。

由图 3-4 可知，通过对 2000~2016 年西部地区全要素能源效率均值与前沿面省份（广东）全要素能源效率对比可以得出：从 2000 年开始，西部地区全要素能源效率不到 0.5，广东作为全国全要素能源效率前沿面省份已经达到了 1.0 左右，表明相对于前沿面省份来说西部地区的整体水平存在较大差距，在 2012 年和 2016 年，广东的全要素能源效率有下降的趋势，西部地区的全要素能源效率同时稳步上升，但上升幅度不大，这也就意味着西部地区要想缩短与前沿面省份的差距需要做出很大的改变。2000~2016 年西部地区与广东全要素能源效率如表 3-3 所示。

表 3-3　2000~2016 年西部地区与广东省全要素能源效率

地区 年份	内蒙古	广西	重庆	四川	贵州	云南	陕西	甘肃	青海	宁夏	新疆	西部 地区	广东
2000	0.56	0.57	0.57	0.52	0.34	0.47	0.47	0.44	0.33	0.32	0.40	0.45	1.01
2001	0.56	0.58	0.54	0.52	0.32	0.48	0.46	0.44	0.33	0.32	0.40	0.45	1.00
2002	0.55	0.57	0.56	0.52	0.32	0.47	0.45	0.43	0.32	0.31	0.39	0.45	1.00
2003	0.53	0.57	0.54	0.50	0.30	0.46	0.45	0.43	0.32	0.29	0.39	0.43	1.00
2004	0.50	0.55	0.51	0.50	0.30	0.46	0.45	0.43	0.30	0.28	0.39	0.42	1.01
2005	0.47	0.53	0.46	0.50	0.33	0.44	0.44	0.43	0.30	0.27	0.39	0.41	1.00
2006	0.45	0.52	0.46	0.50	0.33	0.44	0.43	0.43	0.30	0.26	0.39	0.41	1.02
2007	0.44	0.51	0.47	0.50	0.34	0.45	0.43	0.43	0.31	0.26	0.40	0.41	1.01
2008	0.45	0.49	0.48	0.49	0.34	0.46	0.44	0.43	0.31	0.26	0.40	0.41	1.01
2009	0.44	0.47	0.50	0.50	0.34	0.46	0.43	0.43	0.31	0.25	0.40	0.41	1.00
2010	0.44	0.44	0.52	0.51	0.34	0.43	0.43	0.42	0.31	0.25	0.40	0.41	1.00
2011	0.45	0.42	0.53	0.52	0.35	0.41	0.44	0.42	0.31	0.25	0.40	0.41	1.01
2012	0.45	0.42	0.55	0.53	0.34	0.40	0.45	0.42	0.30	0.25	0.38	0.41	0.96
2013	0.45	0.44	0.60	0.56	0.35	0.41	0.46	0.42	0.29	0.25	0.37	0.42	1.01
2014	0.45	0.45	0.62	0.56	0.34	0.40	0.46	0.42	0.28	0.25	0.35	0.43	0.89
2015	0.49	0.46	0.64	0.58	0.34	0.41	0.47	0.42	0.28	0.24	0.35	0.42	1.00
2016	0.48	0.46	0.67	0.59	0.34	0.41	0.47	0.42	0.27	0.23	0.35	0.42	0.86
平均	0.48	0.50	0.53	0.52	0.33	0.44	0.45	0.43	0.31	0.27	0.39	0.42	0.99

资料来源：笔者计算整理而得。

由表 3-3 可知，通过对比西部地区各省份与广东省的全要素能源效率可以得出：西部地区处于高能效的重庆市，在 2016 年达到最大值 0.67，与广东省相比仍有 0.19 的差距；在 2016 年广东的全要素能源效率处于最小值时，与西部地区高能效地区相比依然高出 0.44，而对于如宁夏、青海、贵州以及新疆等低能效地区，广东的全要素能源效率是其 2 倍甚至 3 倍多，地区差异十分明显。

3. 全要素能源效率地区差异性分析

通过对中西部地区横向与纵向的对比可以看出，各省份的全要素能源效率存在着很大的差异。首先是西部地区，重庆、四川和广西的全要素能源效率处于高能效水平，高于西部地区的平均水平；而内蒙古、云南、甘肃、陕西等地区处于中能效水平，其全要素能源效率均值与西部地区的全要素能源效率基本处于持平状态，偶尔会产生小幅度的波动，但处于西部地区平均水平左右；新疆、青海、宁夏、甘肃等地区是低能效地区，其全要素能源效率低于西部地区平均水平，并且还会有下降的趋势，在整体上对西部地区的能效提高产生消极作用。

从全国范围来看，西部地区的整体水平与全国平均全要素能源效率存在着差距，2000~2016年西部地区的全要素能源效率与全国平均水平的变动趋势基本保持一致，因此其差距也基本保持不变，而西部高能效地区如重庆、四川等地，与全国平均水平差距不大，但其他中能效地区或低能效地区与全国平均水平存在着较大的差距，尤其是新疆、青海、宁夏等地。最后是与前沿面省份（广东）对比来看，西部地区整体水平与广东存在着较大的差距，且差距的波动较大。重庆、四川等地与广东相比相差1倍，宁夏与广东相比相差3倍，可见西部地区整体与前沿面省份存在着较大差距。

第四章

西部地区节能潜力分析

一、研究方法和变量说明

本书将节能潜力概念界定为在当前的经济增长方式下，达到既定经济目标时，实际的能源消费量与最优能源消费量之间的差额与实际能源消费量之比。将最优能源消费量定义为生产过程中帕累托最优条件下的能源耗费量。节能潜力和节能空间呈现正相关关系，节能潜力越大意味着节能的空间越大，生产要素之间组合越不合理，同时说明能源耗费和污染问题突出，资源利用的效率有待进一步提升。西部地区可以通过引进先进技术、优化要素配置等途径，获取更大的节能空间，使节能效果也愈加明显。

基于以上的概念定义，结合环境约束下超效率 SBM-Undesirable 模型，可测出能源的投入冗余量，可得第 i 个省份在 t 时期的节能潜力$ECP_{i,t}$，如式（4-1）所示。

$$ECP_{i,t} = \frac{LEI_{i,t}}{E_{i,t}} = \frac{E_{i,t} - TEI_{i,t}}{E_{i,t}} \qquad (4-1)$$

其中，$LEI_{i,t}$（Loss Energy Input）为相对于最优生产前沿的过度能源投入，即为能源投入的松弛量，$TEI_{i,t}$（Target Energy Input）表示最优生产前沿上目标点的能源投入；$E_{i,t}$为实际能源投入，i 表示省区，t 表示时间。

二、西部地区节能潜力测算结果

（一）西部地区纵向节能潜力分析

根据模型测定结果，西部地区考察期内纵向可节约能源量与节能潜力如表4-1所示。

表4-1　2000~2016年西部地区纵向可节约能源量与节能潜力

年份	西部地区可节约能源量 （万吨标准煤）	西部地区节能潜力
2000	20835	0.612
2001	22395	0.616
2002	24227	0.613
2003	30700	0.661
2004	38412	0.700
2005	44516	0.711
2006	51362	0.740
2007	56471	0.738
2008	59069	0.719
2009	61812	0.701
2010	65978	0.682
2011	72536	0.671
2012	77317	0.663
2013	71357	0.629
2014	72203	0.606
2015	71904	0.588
2016	69729	0.556
平均值	53578	0.659

资料来源：笔者计算整理而得。

　　由表4-1可知，2000~2016年西部地区可节约能源量整体呈现出上升趋势，由于西部地区经济发展主要依赖于高耗能的第二产业，能源消费方面缺乏技术支撑，能源利用效率低下，导致西部地区平均每年可节约53578万吨标准煤，平均每年有将近66%的能源被浪费。从节能潜力上看，西部地区的节能潜力呈现出先波动上升然后波动下降的趋势，即先从2000年的0.612上升到2006年的0.740，然后下降到2016年的0.556。

由变化趋势分析可知：西部地区节能潜力呈倒"U"形趋势发展。考察前期，西部地区发展方式较为粗放，只注重增加资源投入，不注重科技投入和能源效率提升，节能降耗仍存有较大空间。考察后期，西部各省区经济实力快速增长，能源利用效率有所提升，西部地区实际能源消费量增幅越来越接近最优能源消费量的增幅，一方面说明由于先进科技的引进以及自主创新能力不断提升，能源粗放使用的方式得以扭转，能源利用效率有所提升，部分节能潜力得以挖掘；另一方面说明西部地区生产过程中投入要素不断优化，人力资本、技术资本等非能源要素投入增加，能源消耗量不断减少。

表4-2　2000~2016年西部地区历年可节约能源量

单位：万吨标准煤

年份	内蒙古	广西	重庆	四川	贵州	云南	陕西	甘肃	青海	宁夏	新疆
2000	2242	983	976	3333	3406	1838	1716	2158	683	940	2560
2001	2650	843	1651	3339	3530	1749	2142	1968	764	1096	2663
2002	2996	1100	1288	3681	3479	2233	2475	2144	833	1177	2821
2003	4155	1568	1583	4943	4443	3017	2786	2385	858	1788	3174
2004	5888	2086	2076	6837	5066	3615	3213	2637	1131	2070	3793
2005	7757	2619	3254	7580	4285	4285	3811	2946	1408	2256	4315
2006	8968	3017	3474	8390	4660	6215	4146	3644	1609	2515	4724
2007	10194	3443	3834	9152	5244	6676	4478	3875	1761	2722	5092
2008	11057	3616	4053	9740	5743	5860	4845	3987	1901	2845	5422
2009	11786	3917	4250	10133	6072	5901	5121	3983	1947	2957	5745
2010	12729	4313	4601	11038	6490	5407	5533	4247	2106	3193	6321
2011	14061	4542	5003	11815	7129	5276	5946	4611	2664	3769	7720
2012	14572	4647	4975	11700	7676	6215	6319	4965	2935	3952	9361
2013	11998	4134	3216	9450	6915	6676	5830	5024	3115	4110	10889
2014	12183	4126	3233	9287	7068	5860	5979	5057	3279	4222	11909
2015	12329	3936	2984	8459	7024	5901	6058	4859	3362	4623	12369
2016	12313	3841	2438	7578	6996	5407	6032	4468	3278	4747	12631

资料来源：笔者计算整理而得。

由表 4-2 可知，从 2000～2016 年可节约能源的数值和变化趋势上看，西部地区整体一直处于逐步上升趋势；考察期内广西可节约能源量呈现倒"U"形趋势。从 2000 年的 983 万吨标准煤波动上升到 2012 年的 4647 万吨标准煤，并从 2013 年开始下降。青海可节约能源量较西部其他省区较少，但这并不意味着青海存在较少的能源消耗，仅说明在当前生产力水平下这些省份在能源开发上同其他省份相比更加充分和高效。考察期内贵州整体呈波动上升趋势，虽然 2005～2006 年可节约能源量开始出现下降趋势，但与同期其他省份相比可节约能量仍然较高。除了上述省份外，其余省份的可节约能源量在考察期基本呈现波动上升趋势。

表 4-3　2000～2016 年西部地区环境约束下节能潜力

年份	内蒙古	广西	重庆	四川	贵州	云南	陕西	甘肃	青海	宁夏	新疆
2000	0.632	0.368	0.402	0.511	0.796	0.530	0.628	0.717	0.762	0.797	0.769
2001	0.651	0.316	0.547	0.490	0.795	0.501	0.658	0.677	0.822	0.857	0.762
2002	0.657	0.353	0.478	0.490	0.778	0.541	0.666	0.675	0.818	0.854	0.758
2003	0.719	0.445	0.526	0.537	0.803	0.678	0.668	0.677	0.805	0.887	0.760
2004	0.772	0.496	0.578	0.639	0.807	0.694	0.673	0.675	0.829	0.891	0.773
2005	0.803	0.538	0.658	0.642	0.760	0.711	0.684	0.675	0.843	0.890	0.784
2006	0.799	0.560	0.647	0.646	0.755	0.706	0.676	0.768	0.846	0.889	0.781
2007	0.798	0.574	0.645	0.644	0.771	0.694	0.661	0.758	0.841	0.885	0.774
2008	0.784	0.557	0.626	0.643	0.811	0.679	0.653	0.746	0.834	0.881	0.767
2009	0.768	0.554	0.605	0.621	0.802	0.663	0.637	0.727	0.829	0.873	0.763
2010	0.757	0.545	0.586	0.617	0.794	0.650	0.623	0.717	0.820	0.867	0.762
2011	0.750	0.529	0.569	0.600	0.786	0.651	0.609	0.710	0.835	0.873	0.778
2012	0.736	0.508	0.536	0.569	0.777	0.640	0.595	0.709	0.833	0.866	0.791
2013	0.679	0.454	0.400	0.492	0.744	0.582	0.549	0.689	0.827	0.860	0.799
2014	0.665	0.434	0.376	0.467	0.728	0.564	0.533	0.672	0.821	0.854	0.798
2015	0.651	0.403	0.334	0.425	0.706	0.522	0.517	0.646	0.813	0.855	0.790
2016	0.633	0.381	0.265	0.372	0.684	0.495	0.498	0.609	0.797	0.849	0.775
平均	0.721	0.471	0.516	0.553	0.770	0.618	0.619	0.697	0.822	0.866	0.776

资料来源：笔者计算整理而得。

由表4-3可知，从2000~2016年节能潜力的数值和变化趋势上看，西部地区不同省区之间的节能潜力差异较大，新疆、青海、宁夏节能潜力较大，广西、重庆、四川在考察期内节能潜力较小；广西、重庆、四川、云南节能潜力呈倒"U"形波动，考察前期开始波动上升至顶峰，考察后期又开始波动下降。内蒙古、甘肃和陕西波动较平缓；贵州节能潜力前期整体呈波动上升趋势，在后期的节能潜力下降加快，说明在当前生产力水平下该省在能源开发上同其他省区相比更加充分和高效；宁夏、青海、新疆的节能潜力表现出数值较大、变化幅度较小的特点，2016年这三省区节能潜力均高于0.7，与同时期西部其他地区相比节能潜力较大。根据上述的节能潜力数据，有理由认为：要提高西部地区整体的能源利用效率，减少能源过度消耗，需要重点关注青海、宁夏、新疆等省区。

（二）西部地区横向节能潜力分析

表4-4　2000~2016年西部地区节能潜力与全国水平对比

年份	节能潜力		
	全国	西部地区	差距
2000	0.529	0.612	0.083
2001	0.520	0.616	0.096
2002	0.537	0.613	0.076
2003	0.552	0.661	0.109
2004	0.574	0.700	0.126
2005	0.594	0.711	0.117
2006	0.598	0.740	0.142
2007	0.591	0.738	0.147
2008	0.576	0.719	0.143
2009	0.560	0.701	0.141
2010	0.546	0.682	0.136
2011	0.537	0.671	0.134

续表

年份	节能潜力		
	全国	西部地区	差距
2012	0.521	0.663	0.142
2013	0.465	0.629	0.164
2014	0.440	0.606	0.166
2015	0.412	0.588	0.176
2016	0.378	0.556	0.178

资料来源：笔者计算整理而得。

由表4-4可知，从节能潜力值和变化趋势上看，一方面，无论是全国水平还是西部地区的节能潜力都呈现倒"U"形趋势。2000~2006年全国平均节能潜力从0.529波动上升到0.598，然后从2007年不断下滑，直至2016年降为0.378。西部地区的节能潜力从2000年的0.612波动上升到2006年的0.740，然后逐渐下滑到2016年的0.556。另一方面，西部地区的节能潜力与全国平均水平相比，差距日益悬殊。2002年差距最小，为0.076，2016年差距最大，为0.178。这说明就全国而言，西部地区仍然有比较大的节能潜力。如何因势利导，充分挖掘节能潜力，是西部地区节能工作的重中之重。

表4-5　西部地区节能潜力与东部10省市对比

年份	北京	天津	河北	辽宁	上海	江苏	浙江	安徽	福建	广东	东部10省市	西部地区
2000	0.59	0.67	0.63	0.67	0.53	0.30	0.33	0.52	0.15	0.00	0.44	0.612
2001	0.56	0.65	0.65	0.63	0.51	0.27	0.28	0.50	0.01	0.00	0.41	0.616
2002	0.52	0.62	0.71	0.59	0.49	0.26	0.38	0.47	0.19	0.00	0.42	0.613
2003	0.49	0.58	0.67	0.57	0.48	0.29	0.39	0.52	0.09	0.00	0.41	0.661
2004	0.47	0.58	0.68	0.60	0.45	0.35	0.40	0.52	0.11	0.00	0.42	0.700

续表

年份	北京	天津	河北	辽宁	上海	江苏	浙江	安徽	福建	广东	东部10省市	西部地区
2005	0.43	0.56	0.72	0.60	0.45	0.43	0.41	0.52	0.29	0.00	0.44	0.711
2006	0.43	0.55	0.72	0.62	0.43	0.43	0.40	0.52	0.32	0.00	0.44	0.740
2007	0.41	0.53	0.72	0.63	0.38	0.40	0.36	0.51	0.33	0.00	0.43	0.738
2008	0.26	0.49	0.72	0.64	0.36	0.38	0.33	0.51	0.37	0.00	0.41	0.719
2009	0.13	0.46	0.72	0.62	0.33	0.38	0.33	0.51	0.37	0.00	0.38	0.701
2010	0.00	0.45	0.71	0.61	0.32	0.38	0.31	0.50	0.35	0.00	0.36	0.682
2011	0.00	0.43	0.70	0.59	0.25	0.35	0.31	0.48	0.32	0.00	0.34	0.671
2012	0.05	0.40	0.67	0.57	0.19	0.32	0.29	0.45	0.28	0.01	0.32	0.663
2013	0.01	0.29	0.64	0.49	0.12	0.26	0.27	0.41	0.20	0.00	0.27	0.629
2014	0.02	0.25	0.61	0.47	0.00	0.22	0.22	0.38	0.19	0.00	0.24	0.606
2015	0.00	0.20	0.59	0.45	0.00	0.16	0.19	0.34	0.12	0.00	0.21	0.588
2016	0.00	0.00	0.57	0.45	0.00	0.12	0.16	0.30	0.06	0.00	0.17	0.556

资料来源：笔者计算整理而得。

由表4-5可知，广东节能潜力整体基本为0，处于能源效率前沿。在考察后期，上海的节能潜力下降至0，达到了能源效率的前沿。北京、天津、辽宁、江苏、浙江、安徽的节能潜力呈现出不断下降的趋势。2000~2016年东部10省市的平均节能潜力也不断下降，从2000年的0.44下降到2016年的0.17。西部地区的节能潜力从2000年的0.612先波动上升到2006年的峰值0.74后，再下降到2016年的0.556。进一步分析可得，同一时期，西部地区的节能潜力均大于东部10省市的节能潜力，西部地区与东部地区的节能潜力相比差距仍然较大，2016年西部地区节能潜力是东部10省市的3.27倍。因此，西部地区政府要重视节能减排问题，进一步挖掘地区节能空间，从而缩小与中东部之间的差距。

根据模型测定结果，西部地区考察期内节能潜力如表4-6所示。

表4-6　2000~2016年西部地区节能潜力评价

地区	可节约能源量 (万吨标准煤)	节能潜力	各省区占西部地区 可节约能源比重
内蒙古	9286.94	0.721	0.17
广西	3101.82	0.471	0.06
重庆	3111.12	0.516	0.06
四川省	8026.76	0.553	0.15
贵州	5601.53	0.77	0.10
云南	4831.24	0.618	0.09
陕西	4495.88	0.619	0.08
甘肃	3703.41	0.697	0.07
青海	1978.47	0.822	0.04
宁夏	2881.29	0.866	0.05
新疆	6559.35	0.776	0.12
西部地区	53577.82	0.675	1.00

资料来源：笔者计算整理而得。

由表4-6可知，2000~2016年整个西部地区可节约能源总量为53577.82万吨标准煤，这意味着考察期内西部地区能源浪费达到67.5%。从西部地区的节能潜力数值来看，广西、重庆、四川节能潜力较小，均低于60%。相比于宁夏、青海、新疆节能潜力数值较大，接近或高于80%。从西部地区可节约能源量的大小和规模来看，贵州、云南、甘肃、陕西、新疆这五省区的可节约能源量占整个西部地区的比重均超过了10%，所以在西部地区节能减排过程中这些省份应重点关注。此外，结合可节约能源规模和节能潜力分析，尽管青海节能潜力数值较高，但可节约能源量对于西部地区的节能贡献比并不高（小于10%）；而节能潜力和节能规模均比较大的省区有贵州、云南、甘肃、新疆，如果这些省区节能潜力得到充分发挥，可以在很大程度上带动整个西部地区可节约能源的规模。

综合上述内容纵向分析得出，近年来西部地区节能潜力总体呈现波动下滑趋势，这意味着西部地区仍然拥有一定的节能空间，同时，由于西部地区经济发展水平以及科学技术水平存在差异性，导致各省区节能潜力和空间存在较大差异现象；横向分析得出，考察期内西部地区相对于全国平均水平有一定的节能空间，与东部发达地区相比西部节能潜力巨大；在西部地区，新疆、青海、宁夏是节能重点省区，地方政府应将这些省区作为节能关注的重点对象，应该继续重视能源与环境问题，加大能源科技投入力度，降低污染物排放。综上分析可知，西部地区节能空间有待进一步挖掘，需要通过多种途径提升西部地区节能水平。

第五章

西部地区节能潜力影响因素分析

一、研究方法

Tobin J.（1958）在总结回归分析相关研究的基础上，针对回归分析中因变量上限、下限和极值问题，提出了基于因变量受限的 Tobit 回归分析模型。随后，Heckman J.（1974）运用 Tobit 模型对影子价格、市场工资和劳动供给之间的关系进行研究，极大地拓宽了 Tobit 模型的应用范围。Kalwij A. S.（2003）在研究女性雇用问题时，列出了标准面板 Tobit 模型的结构形式。具体见式（5-1）：

$$y_{i,t}^{*} = x_{i,t}\beta + \alpha_i + \varepsilon_{i,t}, \quad y_{i,t} = \max(0, y_{i,t}^{*}) \tag{5-1}$$

$$i=1, \cdots, N, \quad t=1, \cdots, T, \quad \varepsilon_{i,t} \sim N(0, \sigma_{\varepsilon,t}^2)$$

标准面板 Tobit 模型的估计方法见式（5-2）：

$$\hat{\theta}_t = \mathrm{argmax} \sum_{i=1}^{N} (1 - f_{(0,\infty)}(y_{i,t})) \ln(L_{i,t}^1) + f_{(0,\infty)}(y_{i,t}) \ln(L_{i,t}^2)$$

$$\theta_t = (\beta_t, \gamma_t, \sigma_t)$$

$$L_{i,t}^1 = \Phi\left(\frac{-(x_{i,t}\beta + \bar{x_i}\gamma)}{\sigma_t}\right)$$

$$L_{i,t}^2 = \frac{1}{\sigma_t}\varphi\left(\frac{-(x_{i,t}\beta + \bar{x_i}\gamma)}{\sigma_t}\right)$$

$$f_{(0,\infty)} = \begin{cases} 1, & y_{i,t} \geq 0 \\ 0, & y_{i,t} < 0 \end{cases} \tag{5-2}$$

其中，Φ 和 φ 分别表示概率分布函数与概率密度函数。由于本书运用超效率 SBM-Undesirable 模型测算的节能潜力取值范围在 0~1，若使用普通的最小二乘法（OLS）进行回归，则参数估计值会偏向于 0，而标准面板 Tobit 模型就能很好地解决这一问题。因此，本书选用前文 2000~2016

年环境约束下中国节能潜力计算结果的西部地区数据作为被解释变量建立标准面板 Tobit 模型，设定左端截取和右端截取分别为 0 和 1。

二、建模与数据说明

在总结节能潜力影响因素相关研究与结合西部地区实际经济发展状况的基础上，本书建立标准面板 Tobit 回归方程，具体见式（5-3）：

$$ECP_{i,t} = \alpha + \beta_1 Ind_{i,t} + \beta_2 Coa_{i,t} + \beta_3 Fdi_{i,t} + \beta_4 Peo_{i,t} + \beta_5 Env_{i,t} + \beta_6 Rd_{i,t} + \varepsilon_{i,t}$$

$$(5-3)$$

其中，节能潜力（ECP）为被解释变量，产业结构（Ind）、能源消费结构（Coa）、外资依存度（Fdi）、城市化进程水平（Peo）、环境治理投资（Env）和技术创新（Rd）为解释变量，ε 是随机误差项，i、t 分别代表各省区单位和年份，变量的具体解释如下：

（1）产业结构（Ind）。在地区发展的过程中，三大产业在经济结构中的占比会随着经济发展水平的提升发生改变，但由于产业间能源利用效率存在差异，产业结构变动必然会引起节能潜力变化。调整产业结构、促进产业转型升级是挖掘节能潜力的关键手段，Ma（2008）的研究表明，产业结构对能源效率有重要影响。已有的研究主要分析第一产业、第二产业、第三产业的结构对能源效率的影响，Zhang（2012）、盛鹏飞（2012）指出工业对能源的依赖性更强，因此本书选用西部 11 个省区 2000~2016 年分地区工业增加值对 GDP 占比数据，以该指数表示节能降耗目标下的产业结构，数据来源于《中国工业统计年鉴》《内蒙古统计年鉴》《广西统计年鉴》等 11 个西部省区的统计年鉴，产业结构合理化指数取值范围在 0~1之间。

（2）能源消费结构（Coa）。由于不同种类能源燃烧的使用效率与其环境污染影响各不相同，能源消费结构的变化也会导致区域整体能源利用效率和节能降耗空间的变化。本书选用西部 11 个省区 2000~2016 年分地区煤炭消费量和能源消费总量数据，以 0.714 作为折算系数对煤炭进行标准煤折算后，计算煤炭消费占能源消费总量的比重作为能源结构指数，以该指数衡量能源消费结构，数据来源于《中国能源统计年鉴》，能源消费结构指数越大说明能源消费结构越不合理。

（3）外资依存度（Fdi）。Fdi 作为国家和地区之间资金流动的主要形式之一，对吸收 Fdi 地区的能源环境产生深刻影响，尤其是对于那些迫切要求发展经济而放松环境规制水平吸引外资的地区，外资的进入将会导致一系列的能源环境问题。然而外资进入也可能带来正向的能效技术转移和技术溢出，提高东道国的能源效率，改善环境质量。本书选用西部 11 个省区 2000~2016 年分地区外商直接投资（根据历年汇率中间价将美元折合为人民币）占 GDP 比重数据，数据来源于西部各省区的统计年鉴，该指标越大说明 Fdi 对当地 GDP 贡献越高，外资依存度越大。

（4）城市化进程水平（Peo）。从城镇化角度来看，远离农业环境的城镇居民在工业生产、交通运输体系及生活习惯的影响下，城镇化进程也会与节能潜力的变化表现出正相关。将城镇化水平纳入影响因素之一，能够在不脱离西部地区发展实际的情况下有效分析节能潜力的影响因素。本书选用西部 11 个省区 2000~2016 年分地区城镇人口占总人口比重数据，数据来源于各省区的统计年鉴，该指标越大说明城市化发展水平越高。

（5）环境治理投资（Env）。政府在环境保护方面投入一定的资金和政策支持，有助于优化能源要素配置效率和降低经济负外部性，从而促进节能潜力降低。本书选用西部 11 个省区 2000~2016 年分地区环境污染治理投资占 GDP 比重数据，表示环境治理力度，数据来源于《中国统计年鉴》和《中国环境统计年鉴》，该指标越大说明环境治理力度越大。

（6）技术创新（Rd）。内生经济增长理论表明研发投入对技术进步具有直接推动作用，而技术进步对能源效率又存在影响。研发投入不仅可以通过技术创新改进企业生产技术和生产效率，还会促进先进节能减排技术的发展，减少企业在生产过程中产生的工业污染和能源浪费，提高能源使用效率和降低节能减排空间。因此本书选用西部 11 个省区 2000~2016 年分地区研发投入人员占地区人数之比数据，考察各省区技术创新水平，数据来源于各省区的统计年鉴和《中国科技统计年鉴》，该指标越大说明技术创新能力越强。

三、结果分析

本书以节能潜力为被解释变量，以产业结构、能源消费结构、外资依存度、城市化进程水平、环境治理投资和技术创新为解释变量，运用 STATA 软件计算 Tobit 回归结果，具体见表 5-1。

表 5-1　Tobit 回归结果

	Coef.	Std. Err.
Ind	1.489 ***	0.171
Coa	0.236 ***	0.028
Fdi	−0.162 **	0.064
Peo	0.022	0.042
Env	−0.878 ***	0.130
Rd	−0.017 ***	0.002
C	0.007	0.131
LR Chi2（6）	154.23 ***	
Log Likelihood	181.073	

注：***、**、*分别表示该估计量在 1%、5%、10%的水平上显著。

由表 5-1 可知，该回归的 Log Likelihood 为 181.073，对数似然估计值较大，LR Chi2（6）为 154.23，卡方值在 1%的水平上显著，除 Peo 不显著外，Fdi 在 5% 的水平上显著，Ind、Coa、Env、Rd 均在 1% 的水平上显著，解释变量与被解释变量之间存在显著的线性关系，从整体上看该回归的拟合较好。根据回归结果，整理得出产业结构、能源消费结构、外资依存度、城市化进程水平、环境治理投资和技术创新对节能潜力的影响如下：

（1）产业结构与节能潜力正相关，且在 1% 的水平上高度显著，工业增加值占 GDP 比值每降低 1%，节能潜力降低 1.489%。在西部地区产业合理化的过程中，产业内部合理化和产业外部合理化均可提升节能空间。第一，西部地区第二产业的发展水平较高，而第二产业主要包括煤炭工业、石油工业和钢铁工业等，这些行业由于固有的特征和性质，能源效率总体水平低下，随着产业外部合理化进程的推进，以工业为主导的第二产业逐渐向以服务业为主导的第三产业过渡，能源粗放和环境污染情况得以控制，降低了西部地区的能源消耗。第二，在西部地区第二产业内部合理化的影响下，资源密集型工业的占比逐渐减少，技术密集型工业的占比逐渐提高，促进了西部地区能源消耗的减少。因此，无论从内部合理化还是从外部合理化来看，产业合理化程度的提高都会直接促进西部地区能源效率的提升，进而推动西部地区节省能源使用和降低能源消耗。

（2）能源消费结构指数与节能潜力正相关，且在 1% 的水平上高度显著，能源消费结构指数每增加 1%，节能潜力增加 0.236%。西部地区作为我国重要的能源基地，煤炭能源储量十分丰富。在能源密集型产业发展的过程中，煤炭能源占有较高比例。西部地区煤炭消费技术较为落后，难以清洁高效地使用煤炭进行生产活动，使得煤炭资源被过度使用和浪费，造成了大量的生态破坏与环境污染。以煤炭占比为指标的能源消费结构指数提高，将会增加煤炭在生产过程中的消费与使用，进而加大了西部地区整体节能降耗空间。因此，降低煤炭等化石燃料的能源消费占比，促进天然气、水力和风力等清洁能源发展，进而改善西部地区能源消费结构，提高西部地区整体能源效率，是西部地区开展节能降耗的重要举措。

（3）外资依存度与节能潜力负相关，且在 5% 的水平上显著，外资依存度每提高 1%，节能潜力降低 0.162%。可以看出，Fdi 带动拥有高能效技术和环境管理经验的外资企业进入西部地区，提高了当地的能源利用效率。一方面，外资企业通过示范模仿效应、竞争效应等加速行业内资企业采用先进的能源技术进行生产，带动西部地区行业内同类企业采取更有效率、更先进的生产和能源管理方式，更加合理配置能源，实现节能潜力的挖掘。另一方面，Fdi 可以通过增加物质资本投入作用于东道国经济增长，也可以通过技术转移或技术溢出促进该国或地区生产率提高，从而作用于经济增长。经济规模增大也会提高其人均收入水平，人均收入水平越高，公众将会对环境质量提出更高的要求，政府通过激励相容采取有利于节能减排的措施，促进企业使用更清洁、更高效的能源。

（4）城市化进程水平与节能潜力正相关，尽管该指标未达到显著水平，但通过正系数可以看出目前西部地区城市化进程水平提高会增加节能潜力。根据环境库兹涅茨曲线理论可知，当经济体处于快速城镇化和工业化的初、中期阶段时，能源消耗量是巨大的、呈刚性增加的。此后，随着经济社会的发展，会形成倒"U"形的下降趋势。显然，西部各省区目前还处于城市化进程水平上升阶段，城镇化发展初期增加了能源消费的刚性需求，阻碍了节能潜力的降低。

（5）环境治理投资指数与节能潜力负相关，且在 1% 的水平上高度显著，环境治理指数每提高 1%，节能潜力降低 0.878%。在加大环境治理投资的支持下，西部地区高污染、高耗能企业可以大幅度降低环境治理成本，例如环保设备购买费、设备维护费、环境税费、排污费以及环保技术创新研发费等。从短期来看，环境成本的降低使企业避免了总体利润的减少和竞争力的削弱，激发了企业治理环境污染的积极性。从长期来看，在环境成本降低的背景下，企业积极开展环境保护行动，引进了清洁、安全的生产技术和生产工艺，实现了能源的高效使用。因此，无论是从短期还是从长期来看，环境治理投资力度的增大降低了西部地区的企业环境成本，从而提高了西部地区能源利用效率，推动了西部地区节能降耗工作的进行。

（6）技术创新与节能潜力负相关，且在 1% 的水平上高度显著，技术创新指数每提升 1%，节能潜力降低 0.017%。即技术创新能够显著降低节能潜力，提高能源利用效率，这一点是与实际相符合的。研发投入能够带来先进的生产技术，提高西部地区技术创新能力，可以把最新的环保科技成果转化为企业清洁生产能力，在知识与技术的正向溢出效应下，企业生产要素配置得以优化：一是技术创新能力的提升可以推动企业生产效率的优化，使企业减少了商品的单位生产成本，进而促进了企业能源消耗的减少；二是技术创新能够带动节能减排技术的发展与传播、加快新型专利设备的发明与使用，实现全要素能源效率的显著提升。因此，技术创新能力的提升既推动了生产效率改善和生产方式改进，又促进了环境污染治理和能源高效使用，有利于实现西部地区经济发展和节能降耗双重目标。

第六章

西部地区节能潜力实现路径

一、节能潜力分析形成的主要结论

（1）从全国范围来看，2000~2016年西部地区的整体水平与全国的平均全要素能源效率存在一定差距，尤其是新疆、青海、宁夏等地区，与全国的平均全要素能源效率差距较大。西部地区整体水平相对于前沿省份广东而言，差距十分明显。

（2）区域全要素能源效率的评价表明，在考察期内，内蒙古能源利用效率表现最佳，广西、四川、云南、陕西、新疆的全要素能源效率也存在一定优化空间；在样本区间内，贵州、甘肃、青海、宁夏的全要素能源效率的平均值较低，说明其在能源生产和利用过程中存在着较大的无效损耗，有较大的能源效率提升空间。

（3）通过节能评价模型的测算分析可知，2000~2016年西部地区整体节能潜力处于波动下降的趋势，但其平均每年约21%的能源消费被浪费。不同省区的节能潜力差异较大，内蒙古一直处于最优前沿面，可节约能量为零，贵州、云南、甘肃、宁夏、新疆是重点节能省区。

（4）通过产业结构与节能潜力的Tobit回归结果可知，产业结构合理化指数与节能潜力正相关，无论是从内部合理化还是从外部合理化来看，产业合理化程度的提高都会直接促进西部地区能源效率的提升，进而推动西部地区节省能源使用和降低能源消耗。

（5）通过能源消费结构与节能潜力的Tobit回归结果可知，能源结构指数与节能潜力正相关，降低煤炭等化石燃料的能源消费占比，促进天然气、水力和风力等清洁能源的发展，进而改善西部地区能源消费结构，提高西部地区整体能源效率，是西部地区开展节能降耗的重要举措。

（6）通过外资依存度与节能潜力的Tobit回归结果可知，外资依存度与节能潜力负相关，一方面Fdi通过其技术溢出效应提高行业整体生产效率,另一方面 Fdi 可以通过促进经济增长促使政府有动力采取有利于节能减排的措施,从而实现了西部地区能源利用效率的提高。

(7)通过城市化进程水平与节能潜力的 Tobit 回归结果可知,西部地区城市化进程水平与节能潜力正相关,城镇化发展初期依赖大量能源投入和消耗,应该合理规划城镇化发展布局,使产业组织结构、技术结构、产品结构等得到更合理的调整,各种配置得到进一步的优化,各种资源得到更合理的利用,充分发挥城市的集聚效应,从区域层面完善城市发展规划和功能定位,从长期实现节能潜力的下降。

(8)通过环境治理投资与节能潜力的 Tobit 回归结果可知,环境治理投资与节能潜力负相关,无论是从短期还是从长期来看,环境政策力度的增大降低了西部地区企业环境成本,从而提高了西部地区能源利用效率,推动了西部地区节能降耗工作的进行。

(9)通过技术创新与节能潜力的 Tobit 回归结果可知,技术创新指数与节能潜力负相关,技术创新能力的提升既推动了生产方式改进和生产效率改善,又促进了环境污染治理和能源高效使用,从宏观上来看有利于实现西部地区经济发展和节能降耗的双重目标。

二、西部地区节能潜力的实现路径

(一)坚持绿色发展理念,贯彻国家战略方针

在"十一五"规划和"十二五"规划发展理念的指引下,西部地区节能降耗成效显著,且在未来将继续保持良好的节能降耗形势。西部地区只有继续深化绿色发展的理念,牢牢贯彻国家战略方针和政策,才能更好地推动西部地区节能降耗工作的完成。首先,要坚持贯彻"可持续发展"的理念。西部地区应避免走过去"先污染、后治理"的发展路线,继续贯彻

"可持续发展"的理念，学会尊重自然、顺应自然和保护自然，在经济发展的同时注重节约资源和保护环境，进而实现人口、资源与环境的协调发展。其次，要坚持贯彻"绿色治理"的理念。西部地区要坚持预防为主、综合治理的发展方式，在经济发展的过程中尽量不破坏环境，同时建立西部地区环境督查制度，对破坏生态环境的行为追责到底。最后，坚持贯彻"供给侧改革"的战略方针。作为"十二五"规划政策延续，习总书记在"十三五"期间提出了"供给侧改革"战略。在该战略指导下，西部地区应继续推进能源结构调整，改善能源要素配置和提高能源供给质量，进而提高能源利用效率，降低能源过度消耗，实现创新、协调、绿色、开放、共享的发展。

（二）加大西部支持力度，给予更多政策倾斜

与东部和中部地区相比，当前我国西部地区节能降耗空间最大。只有加大西部地区节能降耗的支持力度，给予更多的政策倾斜，才能更好地完成西部地区节能降耗的目标，促进西部地区可持续发展。首先，要建立西部地区节能降耗专项基金。节能降耗的进行需要长期、大量的资金投入，当前中央财政的转移支付难以满足持续性的资金需求，政府应当成立西部地区节能环保专项基金，用以保证西部地区节能降耗工作的顺利进行。其次，要出台企业节能降耗的相关优惠政策。对于积极投入节能降耗工作、节能降耗成果良好的企业，政府给予一定的税收减免、补贴和信贷优惠等支持，以此激发西部地区企业节能降耗的积极性。最后，要完善西部地区节能降耗补偿体系。尽管经过多年的发展，西部地区节能补偿体系取得了一定的成效，但仍存在补偿标准不合理、补偿落实不到位等问题，因此需要进一步完善西部地区节能降耗补偿体系，明确节能降耗的补偿依据和标准，促进西部地区节能降耗工作高效开展和进行。

（三）优化西部地区经济结构，推动能源产业合理布局

西部地区过去依托能源的高投入粗放发展，造成了能源效率的降低，

又在承接东部产业转移的过程中吸收了大量"高投入、高污染和低产出"的落后产业，使得西部地区节能降耗的形势更加严峻。只有对能源产业结构进行改造和优化，才能尽快解决西部地区生态破坏和环境污染的问题。首先，要坚持淘汰污染和破坏环境落后产能。西部地区要坚持推动能源企业的关闭退出与兼并重组，促进能源产业向合理化、高级化迈进。其次，要优化第二产业的内部结构。提升西部地区高耗能工业部门的准入门槛，促进传统装备制造业向技术含量高、附加值高的集约型生产转型升级。最后，要大力发展第三产业。在西部地区产业支持政策的基础上，大力发展以通信、金融、保险、物流、信息服务、科技服务为代表的高新技术产业，以高新技术产业带动传统产业的转型升级，进而促进西部地区能源利用效率和节能降耗能力的提升。

（四）推动新旧能源转换，提高清洁能源比重

长期以来，以煤为主的传统能源消费结构不仅给西部地区生态环境造成了巨大的破坏，也使西部地区能源资源产生了大量的浪费。只有调整能源消费结构和促进清洁能源发展，才能打破"存量约束"与"生态赤字"的双重束缚，进而构建西部地区"资源节约型"和"环境友好型"和谐社会。一方面，通过税收征收和行政干预等手段，重点整治西部地区高污染、高排放的煤炭和石油能源企业，对以煤炭为主要能源消费的产业进行有序引导，淘汰旧能源模式。另一方面，大力支持新型清洁能源开发与使用。在能源消费结构调整的过程中，提高对煤层气开发利用的重视程度，促使煤层气形成与上下游相关产业链。大力发展既清洁又环保的风能、太阳能和生物质能等可再生能源，进而推动西部地区可持续发展。

（五）转变经济发展方式，设计合理发展规划

尽管过去较快的经济增长速度提高了西部地区经济发展水平，但也助长了经济的粗放发展和资源的过度透支，在一定程度上增加了西部地区节能降耗空间。因此，只有设计符合西部地区发展规划，在保证发展的前提

下控制经济增长速度，才能有效降低西部地区节能降耗空间。首先，要控制经济增长速度。西部地区部分省区在维持经济高速增长的同时，节能潜力也维持在较高水平，说明经济高速增长中包含一定的粗放发展的成分，规划目标中应控制经济增长的速度，避免走上"先污染后治理"的老路。其次，要转变经济发展方式。西部地区要改变过去能源依赖的发展方式，将"增长优先"的发展目标向"提质、增效、适速"方向转变，逐步走向能源节约和环境友好的集约型发展之路。最后，要提高经济发展质量。西部地区可以凭借其特有的资源及文化优势，制定规划大力发展特色产业，通过文化业、旅游业带动服务业的发展，从而促进经济增长质量和层次的提高。

（六）改革政绩考核制度，建立绿色政绩考评办法

能源的过度投入与浪费在一定程度上是由"为增长而竞争"以及上级政府重经济绩效、轻环境绩效有偏向的考核激励机制造成的，需要适当调整这种有偏向的考核激励机制。改变传统的 GDP 至上观念，树立绿色发展理念并建立起绿色政绩考核办法尤为重要。科学合理地设置约束性指标，解决好绿色发展"考什么"的问题，才能使政绩考评有的放矢，切实发挥考核评价对科学发展的导向、激励和促进作用。一要强化"绿色 GDP"指标，采用"绿色 GDP"核算应用体系，将资源耗减成本、环境退化成本、生态破坏成本以及污染治理成本从 GDP 中扣除。二要强化生态环境保护指标。突出生态保护、环境质量改善基本要求，把五水共治、治气治矿、现代林业建设、城乡环境整治等列为生态环境保护指标内容，通过提高指标权重，撬动财政有效投入，助力推动自然秀美生态环境建设。三要强化资源能源节约利用指标。坚持在全面节约和高效利用资源中推进绿色发展，把节能降耗、现代水利和生态文明建设、国土资源保护等列为资源能源节约利用指标内容，着力构建高效节约资源利用体系，进一步促进资源节约型、环境友好型社会建设。

（七）结合区域实际情况，制定差异化节能政策

由于西部地区在能源禀赋、技术水平和自然环境等方面条件差异较大，节能潜力的空间大小和演进趋势各不相同。因此，在制定节能降耗政策时，应当因地制宜，针对某些省区的特殊情况，制定差异化的节能降耗政策，提高西部地区节能降耗政策的有效性。首先，青海和宁夏当前的节能潜力数值较高、未来降低幅度较慢，当能源技术水平大幅提升后，能源的过度消费将大幅减少，因此这两个省区的节能降耗政策应侧重于能源技术水平的提升。其次，四川和内蒙古当前的节能潜力数值较低、未来降低幅度较大，要想实现能源的大量消耗，应更加致力于削减能源密集型产业规模和推动产业规模向高级化发展，因此这两个省区的节能降耗政策应侧重于能源消费结构和产业结构的调整。最后，新疆当前的节能潜力数值排在西部地区首位，未来降低幅度较缓，其节能降耗的形势在西部地区最严峻，因此应针对新疆的特殊情况，给予最大限度的资金投入和政策支持，进而促进新疆完成节能降耗目标。

第七章

西部地区节能降耗目标预测

一、研究方法

　　人工神经网络是一种在生物神经元启发下建立的由人工神经元网络进行计算的数据处理模型。在接收不同类型的外界信息后，人工神经网络通过利用和改变隐含层权值来实现自我计算与调整，进而输出网络加工后产生的结果，解决生活中的各种复杂问题。

　　从生物学的角度来看，生物神经元网络并非与生俱来的，而是在不断的实践过程中逐步建立和完善的。随着信息处理量的增加，人类大脑中神经元之间的关系逐渐积累形成网络，从而完成思考、分析、判断等精神活动。生物神经元细胞如图 7-1 所示。

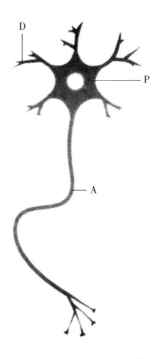

图 7-1　生物神经元细胞

在图 7-1 中，P 是可延伸至全身各器官和组织的细胞体，A 是粗细均匀且分支较少的轴突，D 是呈放射状且有多个突起的树突。大脑中，神经元与神经元之间的信号传播是单方向的。从某种意义上来讲，神经网络表现为神经元构成的有向图，其单层感知器结构见图 7-2。

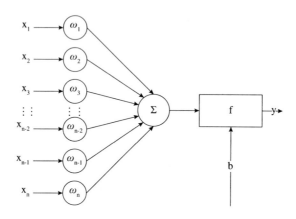

图 7-2　单层感知器结构

在人工神经网络的发展历史中，由于一直没有找到合适的多层神经网络学习算法，导致神经网络的研究一度陷入低迷。20 世纪 80 年代中期，Rumelhart D. E., Hinton G. E. 和 Williams R. J.（1988）发现了可以逼近任意连续函数的误差反向传播算法，由该算法构成的网络也被称为 BP 神经网络（Back Propagation Neural Network），其结构见图 7-3。

BP 神经网络的算法推导过程如下：

1. 信号前向传播

$$net_i = \sum_{i=1}^{m} w_{i,j} + \theta_i, \quad y_i = \phi(net_i) = \phi\left(\sum_{j=1}^{m} w_{i,j} x_j + \theta_i\right)$$

$$net_k = \sum_{i=1}^{q} w_{k,j} + \alpha_k = \sum_{i=1}^{q} w_{k,j} \phi\left(\sum_{j=1}^{m} w_{i,j} x_j + \theta_i\right) + \alpha_k$$

$$o_k = \psi(net_k) = \psi\left(\sum_{i=1}^{q} w_{k,j} \phi\left(\sum_{j=1}^{m} w_{i,j} x_j + \theta_i\right) + \alpha_k\right)$$

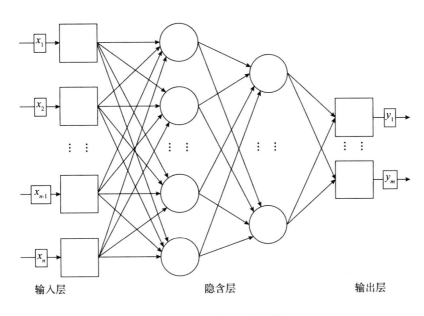

输入层　　　　　　　　　　隐含层　　　　　　　　　输出层

图 7-3 BP 神经网络结构

2. 误差反向传播

$$E_p = \frac{1}{2} \sum_{k=1}^{L} (T_k - o_k)^2, \quad E = \frac{1}{2} \sum_{p=1}^{P} \sum_{k=1}^{L} (T_k - o_k)^2$$

$$\Delta w_{k,i} = \eta \frac{\partial E}{\partial w_{k,i}}, \quad \Delta \alpha_k = \eta \frac{\partial E}{\partial \alpha_k}, \quad \Delta w_{i,j} = \eta \frac{\partial E}{\partial w_{i,j}}, \quad \Delta \theta_i = \eta \frac{\partial E}{\partial \theta_i}$$

$$\frac{\partial E}{\partial o_k} = - \sum_{p=1}^{P} \sum_{k=1}^{L} (T_k^p - o_k^p)$$

$$\frac{\partial net_k}{\partial w_{k,i}} = y_i, \quad \frac{\partial net_k}{\partial \alpha_k} = 1, \quad \frac{\partial net_k}{\partial w_{i,j}} = x_j, \quad \frac{\partial net_k}{\partial \theta_k} = 1$$

$$\frac{\partial E}{\partial y_i} = - \sum_{p=1}^{P} \sum_{k=1}^{L} (T_k^p - o_k^p) \cdot \psi'(net_k) \cdot w_{k,i}$$

$$\Delta w_{k,i} = \eta \sum_{p=1}^{P} \sum_{k=1}^{L} (T_k^p - o_k^p) \cdot \psi'(net_k) \cdot y_i$$

$$\Delta \alpha_k = \eta \sum_{p=1}^{P} \sum_{k=1}^{L} (T_k^p - o_k^p) \cdot \psi'(net_k)$$

$$\Delta w_{i,j} = \eta \sum_{p=1}^{P} \sum_{k=1}^{L} (T_k^p - o_k^p) \cdot \psi'(net_k) \cdot w_{k,i} \cdot \phi(net_k)$$

由于节能潜力较一般时间序列数据变化规律更复杂，选用简单、传统的预测模型难以保证预测结果的科学性。BP 神经网络是最常用、最成熟的一种人工神经网络方法，它是一种误差反向传播算法训练的多层前馈网络，被认为是最适用于模拟输入和输出的关系，有助于补充现有理论分析和辅助决策过程。基于此，本书选用 BP 神经网络作为研究模型，预测环境约束下中国西部地区节能潜力。

二、数据说明

关于节能降耗影响因素的研究非常广泛，通过国内外相关文献和研究成果发现，"产业结构、能源结构、外资依存度、城市化进程水平、环境治理和技术创新是节能降耗重要的影响因素"这一观点已成为共识，因此它们也是本书节能降耗问题中的考量因素。因此，本书以中国单位 GDP 能耗为输出目标变量（即 m = 1），选取产业结构（工业增加值占 GDP 比重）、能源结构（煤炭消费量占能源消费总量比重）、外资依存度（外商直接投资占 GDP 比重）、城市化进程水平（城镇人口比例）、环境治理（环境治理投资额占 GDP 比重）和技术创新（研发投入人员占地区人数比重）为输入变量（即 n = 6）。

然后，对表 7-1 中的数据进行归一化预处理，使其处于 [-1, 1] 区间内，标准化预处理结果见表 7-2。

表 7-1 BP 神经网络节能降耗预测所用相关指标主要数据

	年份	内蒙古	广西	重庆	四川	贵州	云南	陕西	甘肃	青海	宁夏	新疆
工业增加值占 GDP 比重	2000	0.38	0.35	0.42	0.36	0.38	0.41	0.43	0.40	0.41	0.41	0.39
	2005	0.45	0.38	0.45	0.42	0.41	0.41	0.50	0.43	0.49	0.46	0.45
	2010	0.55	0.47	0.55	0.50	0.39	0.45	0.54	0.48	0.55	0.49	0.48
	2016	0.47	0.45	0.45	0.41	0.40	0.38	0.49	0.35	0.49	0.47	0.38
煤炭消费量占能源消费总量比重	2000	1.19	0.68	0.59	0.67	1.05	0.77	0.88	0.67	0.54	0.49	0.76
	2005	1.03	0.53	0.61	0.51	0.87	0.80	0.78	0.61	0.41	0.92	0.50
	2010	0.86	0.45	0.51	0.38	0.75	0.64	0.73	0.52	0.26	0.74	0.70
	2016	1.35	0.46	0.44	0.31	0.95	0.50	1.16	0.62	0.34	1.11	0.83
外商直接投资占 GDP 比重	2000	0.14	0.43	0.31	0.21	0.12	0.20	0.38	0.20	0.18	0.26	0.07
	2005	0.27	0.31	0.19	0.19	0.10	0.20	0.29	0.14	0.11	0.60	0.06
	2010	0.16	0.24	0.36	0.26	0.07	0.21	0.15	0.13	0.14	0.19	0.08
	2016	0.19	0.20	0.41	0.24	0.17	0.18	0.24	0.09	0.24	0.23	0.08
城镇人口比例	2000	42.20	28.15	35.59	25.12	23.87	23.36	32.27	24.01	34.76	32.54	33.75
	2005	47.20	33.62	45.20	33.00	26.87	29.50	37.23	30.02	39.25	42.28	37.15
	2010	55.50	40.00	53.02	40.18	33.81	35.20	45.76	36.12	44.72	47.90	43.01
	2016	61.19	48.08	62.60	49.21	44.16	45.02	55.34	44.67	51.60	56.30	48.33

续表

年份	内蒙古	广西	重庆	四川	贵州	云南	陕西	甘肃	青海	宁夏	新疆
2000	0.10	0.10	0.16	0.20	0.03	0.06	0.11	0.05	0.01	0.06	0.13
2005	0.17	0.10	0.14	0.20	0.04	0.07	0.10	0.05	0.01	0.03	0.08
2010	0.20	0.14	0.15	0.08	0.03	0.09	0.15	0.05	0.01	0.03	0.07
2016	0.20	0.09	0.06	0.13	0.05	0.06	0.14	0.05	0.02	0.04	0.14
2000	3.57	2.74	5.68	7.23	0.22	2.62	17.60	7.33	4.20	4.69	2.25
2005	5.62	3.85	8.80	8.08	2.62	3.33	14.54	6.60	4.77	6.79	3.48
2010	10.02	7.37	12.85	10.42	4.34	4.90	19.60	8.46	8.63	10.08	6.58
2016	15.67	8.25	22.33	15.08	6.79	8.62	24.85	9.87	7.03	13.34	7.07

环境治理投资额占 GDP 比重

研发投入人员占地区人数比重

资料来源：笔者计算整理而得。

表 7-2　节能降耗预测所用相关指标归一化预处理后的数据

年份	内蒙古	广西	重庆	四川	贵州	云南	陕西	甘肃	青海	宁夏	新疆
工业增加值占 GDP 比重 2000	-0.987	-0.987	-0.978	-0.972	-0.997	-0.993	-0.985	-0.994	-1.000	-0.992	-0.983
2005	-0.946	-0.969	-0.956	-0.938	-0.990	-0.979	-0.970	-0.985	-0.997	-0.992	-0.975
2010	-0.808	-0.869	-0.859	-0.929	-0.977	-0.916	-0.857	-0.950	-0.988	-0.974	-0.938
2016	-0.567	-0.791	-0.890	-0.826	-0.890	-0.888	-0.808	-0.903	-0.974	-0.931	-0.768
煤炭消费量占能源消费总量比重 2000	-0.982	-0.988	-0.999	-0.961	-0.976	-0.995	-0.885	-0.949	-0.985	-0.783	-0.891
2005	-0.976	-0.999	-0.964	-0.961	-0.995	-0.923	-0.924	-0.985	-0.841	-0.860	-0.968
2010	-0.985	-0.973	-0.968	-0.973	-0.949	-0.924	-0.945	-0.893	-0.830	-0.899	-0.805
2016	-0.944	-0.987	-0.673	-0.901	-0.972	-0.324	-0.807	-0.946	0.383	-0.636	-0.909
外商直接投资占 GDP 比重 2000	-0.997	-0.995	-0.999	-0.992	-0.989	-0.997	-0.962	-0.971	-0.990	-0.884	-0.947
2005	-0.993	-1.000	-0.988	-0.987	-0.998	-0.976	-0.965	-0.989	-0.908	-0.922	-0.977
2010	-0.998	-0.987	-0.923	-0.994	-0.959	-0.860	-0.983	-0.885	-0.713	-0.955	-0.768
2016	-0.935	-0.989	-0.743	-0.890	-0.974	-0.491	-0.753	-0.953	0.203	-0.538	-0.912
城镇人口比例 2000	-0.919	-0.934	-0.999	-0.837	-0.889	-0.992	-0.675	-0.844	-0.989	-0.459	-0.803
2005	-0.965	-0.983	-0.969	-0.923	-0.959	-0.938	-0.889	-0.936	-0.902	-0.860	-0.880
2010	-0.967	-0.962	-0.948	-0.953	-0.938	-0.887	-0.922	-0.912	-0.808	-0.828	-0.917
2016	-0.938	-0.966	-0.319	-0.880	-0.949	0.170	-0.826	-0.927	0.804	-0.833	-0.907

续表

年份	内蒙古	广西	重庆	四川	贵州	云南	陕西	甘肃	青海	宁夏	新疆
环境治理投资额占 GDP 比重											
2000	-0.985	-0.990	-0.999	-0.965	-0.978	-0.993	-0.869	-0.958	-0.980	-0.733	-0.903
2005	-0.978	-0.999	-0.973	-0.964	-0.995	-0.929	-0.928	-0.983	-0.829	-0.867	-0.965
2010	-0.987	-0.974	-0.966	-0.975	-0.946	-0.911	-0.940	-0.869	-0.790	-0.896	-0.802
2016	-0.955	-0.988	-0.708	-0.909	-0.971	-0.308	-0.797	-0.942	0.561	-0.589	-0.913
研发投入人员占地区人数比重											
2000	-0.995	-1	-0.987	-0.989	-0.934	-0.983	-0.962	-0.966	-0.99	-0.999	-0.974
2005	-0.923	-0.924	-0.324	-0.997	-0.976	-0.86	-0.491	-0.992	-0.938	-0.887	0.17
2010	-0.924	-0.945	-0.807	-0.962	-0.965	-0.983	-0.753	-0.675	-0.889	-0.922	-0.826
2016	-0.985	-0.893	-0.946	-0.971	-0.989	-0.885	-0.953	-0.844	-0.936	-0.912	-0.927

资料来源：笔者计算整理而得。

三、实证结果分析

（一）输入变量预测

本书以 2001~2016 年的数据为考察样本，从而反映变量在整个期间的波动变化。假设变量不存在突变，根据过去不同期间的趋势经验，采用趋势外推法对输入变量进行预测。通过绘制散点图观察和比较它们的变化趋势与不同的函数曲线类型，选择线性趋势外推模型，一般形式如式（7-1）所示：

$$y_t = \beta_0 + \beta_1 t + u_t \tag{7-1}$$

式（7-1）中，y_t 表示 t 年时分地区的工业增加值对 GDP 的占比和煤炭消费量对能源消费总量占比、Fdi 对 GDP 占比、城市人口对地区总人口占比、环境污染治理投资总额对 GDP 占比、分地区研发投入人员数对地区总人数占比；β_1 表示估计的年平均变化率；β_0 表示截距；u_t 表示随机干扰项。假设经济增长按照平均增长率增长，BP 神经网络输入层指标（GDP、一次能源消费量和可再生能源所占比例）的预测结果见表 7-3。产业结构、能源结构、外资依存度、城市化进程水平、环境治理和技术创新是节能降耗重要的影响因素。

（二）2020 年单位 GDP 能源消耗预测

利用 MATLAB 神经网络工具箱对预测模型进行训练，随机选取 2 个年份的数据作为测试、其他 13 个年份的数据作为测试样本。BP 算法具有依据可靠、推导严谨、精度较高、通用性较好等优点，但也存在收敛速度慢、容易陷入局部极小值、隐含层数和隐含层节点数难以确定等缺点，因此本模型中采用选取梯度下降法和高斯—牛顿算法相结合的 Levenberg-Mar-

表 7-3　2020 年输入变量预测值

	内蒙古	广西	重庆	四川	贵州	云南	陕西	甘肃	青海	宁夏	新疆
工业增加值占 GDP 比重	0.60	0.53	0.52	0.54	0.40	0.41	0.57	0.43	0.60	0.53	0.45
煤炭消费量占能源消费总量比重	1.27	0.42	0.44	0.17	0.88	0.48	1.17	0.56	0.22	1.31	0.75
外商直接投资占 GDP 比重	0.16	0.12	0.47	0.26	0.12	0.17	0.09	0.05	0.19	0.03	0.08
城镇人口比重	67.26	54.09	69.81	55.51	46.92	49.52	61.08	49.31	55.20	62.86	51.84
环境治理投资额占 GDP 比重	0.30	0.11	0.05	0.05	0.06	0.08	0.12	0.06	0.02	0.02	0.13
研发投入人员占地区人数之比	19.29	11.39	24.80	16.83	8.44	8.93	27.29	11.19	9.97	17.23	9.34

资料来源：笔者计算整理而得。

quardt（L-M）这一改进算法，得到一个训练过的神经网络结果回归曲线如图7-4所示。

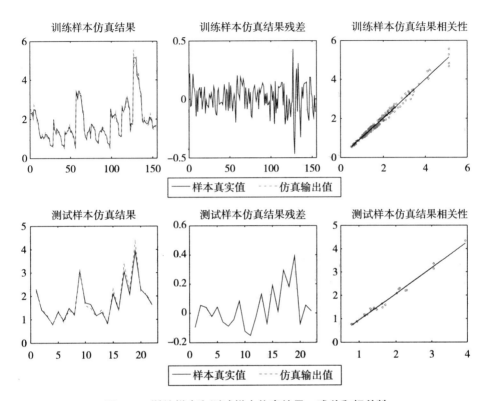

图7-4　训练样本和测试样本仿真结果、残差和相关性

从图7-4可以看出，训练样本的仿真输出与期望输出的相关系数均为0.99964，同时，测试样本的仿真输出和期望输出的相关系数均达到0.99971。结果表明，本模型适用于我国单位GDP能源消耗预测，各样本仿真输出与实际期望输出二者拟合一致性良好，所得训练网络泛化能力较强。同时，为了进一步检验训练网络的预测性能，在用该模型预测2020年我国单位GDP能源消耗之前，首先用其对2015年我国单位GDP能耗进行预测，并将结果与2015年单位GDP能耗的实际值进行对比，结果如表7-4所示。

表 7-4 2015 年单位 GDP 能耗的预测值与实际值对比

	内蒙古	广西	重庆	四川	贵州	云南	陕西	甘肃	青海	宁夏	新疆
单位 GDP 能耗预测值（吨标准煤/万元）	1.027	0.586	0.548	0.533	0.983	0.828	0.523	1.216	1.685	2.072	1.570
单位 GDP 能耗实际值（吨标准煤/万元）	1.015	0.581	0.513	0.554	0.947	0.755	0.546	1.108	1.710	1.951	1.678
单位 GDP 能耗与 2015 年对比（降低−/增长+）（%）	+1.18	+0.86	+6.82	−3.79	+3.80	+9.67	−4.21	+9.75	−1.46	+6.20	−6.44

资料来源：笔者计算整理而得。

根据表7-4中的模型预测结果可以看出，BP神经网络输出的2015年单位GDP能耗的预测值与当年的实际值相比，误差均低于10%。图7-4与表7-4显示的结果均表明，用此神经网络模型对2020年我国单位GDP能耗、能源消费增量进行预测分析的准确性与可信度较高。

在2000~2016年的趋势经验下，应用BP神经网络对西部各省区2020年单位GDP能耗进行预测，得到2020年单位GDP能耗的预测值。同时，结合西部地区"十三五"规划中GDP目标设定情景，对单位GDP能耗这一重要指标进行计算和对比，相关结果如表7-5所示。预测结果显示，"十三五"时期末西部各地区单位GDP能耗均达到国家计划目标。

表7-5 2020年西部地区单位GDP能耗预测

单位：吨标准煤/万元

	内蒙古	广西	重庆	四川	贵州	云南	陕西	甘肃	青海	宁夏	新疆
2015年真实值	1.06	0.58	0.57	0.66	0.95	0.76	0.65	1.11	1.71	1.86	1.68
2020年预测值	0.75	0.45	0.37	0.47	0.61	0.55	0.47	0.80	1.38	1.41	1.39
降低-/增长+（%）	-29.26	-18.33	-34.62	-29.52	-35.95	-27.87	-27.86	-27.74	-19.04	-23.79	-16.96
强度目标（%）	-14	-14	-16	-16	-14	-14	-15	-14	-10	-14	-10
是否完成	完成	完成	完成	完成	完成	完成	完成	完成	完成	完成	完成

资料来源：笔者计算整理而得。

（三）2020 年能源消费预测

在 2000~2016 年的趋势经验下，应用 BP 神经网络对 2020 年西部地区能源消费进行预测，得到 2020 年能源消费预测值。同时，结合我国的 GDP 假设与预测情景，对能源消费增量指标进行计算和对比，相关结果如表 7-6 所示。预测结果显示，"十三五"时期末西部各地区能源消费增量均达到国家计划目标。

表 7-6　2020 年西部地区能源消费预测

单位：万吨标准煤

	内蒙古	广西	重庆	四川	贵州	云南	陕西	甘肃	青海	宁夏	新疆
2015 年真实值	18927	9761	8934	19888	9948	10357	11716	7523	4134	5405	15651
2020 年预测值	19221	10940	8987	19660	10262	11234	12418	7804	4805	5914	18229
降低-/增长+	294	1179	53	−228	314	877	702	281	671	509	2578
增量目标	3570	3570	3570	3570	3570	3570	3570	3570	3570	3570	3570
是否完成	完成	完成	完成	完成	完成	完成	完成	完成	完成	完成	完成

资料来源：笔者计算整理而得。

（四）"十四五"期间的能源消费量与能源消费强度预测

在 2000~2016 年的趋势经验下，应用 BP 神经网络对 2025 年西部地区能源消费进行预测，得到 2025 年能源消费预测值。对能源消费增量指标进行计算和对比，相关结果如表 7-7 所示。预测结果显示，除四川外，"十四五"时期末西部各地区能源消费增量均呈现增长趋势，其中，能源消费量增长幅度前三甲为新疆、陕西和宁夏，主要是因为这些省区自然资源储量较为丰富，经济发展对资源依赖性较强，随之而来的能源消耗也增长较快。

表 7-7　2025 年西部地区能源消费预测

单位：万吨标准煤

	内蒙古	广西	重庆	四川	贵州	云南	陕西	甘肃	青海	宁夏	新疆
2015 年真实值	18927	9761	8934	19888	9948	10357	11716	7523	4134	5405	15651
2025 年预测值	19354	12829	9509	17633	11632	13013	15627	8375	6983	8584	22722
降低-/增长+	427	3068	575	-2255	1684	2656	3911	852	2849	3179	7071

资料来源：笔者计算整理而得。

在 2000~2016 年的变化趋势下，假定西部省市"十四五"规划 GDP 指标延续"十三五"规划的目标情景，再次应用 BP 神经网络对西部省区 2025 年单位 GDP 能耗进行预测，得到 2025 年单位 GDP 能耗的预测值。同时，结合上文中我国的 GDP 假设与预测情景，对单位 GDP 能耗这一重要指标进行计算和对比，相关结果如表 7-8 所示。预测结果显示，"十四五"末西部各地区单位 GDP 能耗均呈现下降趋势，其中贵州、四川、重庆单位 GDP 能耗下降最快，分别下降 69.90%、61.97% 和 60.39%；青海和广西下降幅度较小，分别为 27.71% 和 21.74%。

表 7-8   2025 年西部地区单位 GDP 能耗预测

单位：吨标准煤/万元

	内蒙古	广西	重庆	四川	贵州	云南	陕西	甘肃	青海	宁夏	新疆
2015 年 真实值	1.06	0.58	0.57	0.66	0.95	0.76	0.65	1.11	1.71	1.86	1.68
2025 年 预测值	0.60	0.45	0.23	0.25	0.29	0.33	0.33	0.45	1.24	1.18	0.97
降低-/ 增长+ （%）	-42.93	-21.74	-60.39	-61.97	-69.90	-56.53	-48.76	-59.48	-27.71	-36.79	-42.50

资料来源：笔者计算整理而得。

第八章

"双控"目标下西部重点区域节能路径分析

一、"双控"目标与完成情况

党的十八届五中全会提出实行能源消耗总量和强度"双控"行动，"十三五"规划对实行能源等总量和强度"双控"行动进行了重点说明。实行能源消耗总量和强度"双控"行动，是推进生态文明建设，解决资源约束趋紧、环境污染严重的一项重要措施，既能节约能源资源，从源头上减少污染物和温室气体排放，也能倒逼经济发展方式转变，提高我国经济发展绿色水平。

国家"十一五"规划把单位 GDP 能耗降低作为约束性指标，国家"十二五"规划在把单位 GDP 能耗降低作为约束性指标的同时，提出合理控制能源消费总量的要求。2014 年国务院办公厅印发《2014～2015 年节能减排低碳发展行动方案》，将 2014～2015 年能耗增量（增速）控制目标分解到各地区。2006～2015 年我国单位 GDP 能耗累计降低 34%，节约能源达 15.7 亿吨标准煤，相当于少排放二氧化碳 35.8 亿吨。从两个五年规划时期我国经济增长对能耗依赖程度来看，"十一五"时期以年均 6.7% 的能耗增速支持了 GDP 年均 11.3% 的增长，"十二五"时期以年均 3.6% 的能耗增速支持了 GDP 年均 7.9% 的增长，能源消费弹性系数由"十一五"时期的 0.59 下降到"十二五"时期的 0.46。实践结果表明，降低能耗强度，控制能耗总量，有利于扭转我国工业化、城镇化加快发展阶段对能源消耗大幅度增加的势头，减少我国经济增长对能源消耗的依赖程度，对减轻我国资源环境瓶颈约束、提高经济发展质量发挥了重要作用。

"十三五"时期，国家在"十一五""十二五"节能工作的基础上，实施能耗总量和强度"双控"行动，明确要求到 2020 年单位 GDP 能耗比 2015 年降低 15%，能源消费总量控制在 50 亿吨标准煤以内。国务院在

"十三五"节能减排综合工作方案中将全国"双控"目标分解到了各地区（见表8-1），对"双控"工作进行了全面部署。

表 8-1　2017 年度各省（区、市）"双控"考核结果

	2017 年单位地区生产总值能耗降低目标（%）	2017 年能耗增量控制目标（万吨标准煤）	考核结果
北京	3.5	238	超额完成
天津	3	416	超额完成
河北	4	655	完成
山西	3.2	600	完成
内蒙古	3	800	完成
辽宁	3.2	710	未完成
吉林	3.2	721	超额完成
黑龙江	3.2	420	完成
上海	3.4	321	完成
江苏	3.7	546	超额完成
浙江	3.7	467	完成
安徽	3.5	374	超额完成
福建	1	895	超额完成
江西	2.5	443	完成
山东	3.66	814	完成
河南	3	700	超额完成
湖北	3.5	500	超额完成
湖南	3	450	完成
广东	3.7	1059	完成
广西	3	400	完成
海南	2	130	超额完成
重庆	3.4	366	超额完成
四川	3.5	760	超额完成
贵州	2.97	370	超额完成
云南	3	375	完成

续表

	2017 年单位地区生产总值能耗降低目标（%）	2017 年能耗增量控制目标（万吨标准煤）	考核结果
西藏	2.09	—	完成
陕西	3.2	418	完成
甘肃	2.97	276	完成
青海	1.5	220	完成
宁夏	1.8	400	未完成
新疆	2.09	708	未完成

资料来源：中华人民共和国国家发展和改革委员会。

根据国务院有关规定及要求，国家发展和改革委员会会同有关部门，对各省（区、市）2017 年能源消耗总量和强度"双控"目标完成情况、措施落实情况进行了考核，公告考核结果。考核结果显示，北京、天津、吉林、江苏、安徽、福建、河南、湖北、海南、重庆、四川、贵州 12 个省（市）考核结果为超额完成等级；河北、山西、内蒙古、黑龙江、上海、浙江、江西、山东、湖南、广东、广西、云南、西藏、陕西、甘肃、青海 16 个省（区、市）考核结果为完成等级；辽宁、宁夏、新疆 3 个省（区）考核结果为未完成等级，可见西部地区节能降耗的形势异常严峻。通过对新疆、宁夏两地区的能源消费总量以及经济增长情况分析发现：2017 年新疆能源消费总量为 17394 万吨，GDP 总量为 10796 亿元，较 2015 年单位 GDP 能耗下降 4.18%，超出累计下降值 4%，而能源消费总量增加 1743 万吨，大于累计增加值 690 万吨，因此可以认为，新疆完成了"双控"目标中的强度目标，未完成总量目标。对于宁夏而言，2017 年该地区能源消费总量为 6486 万吨，GDP 总量为 3393 亿元，较 2015 年单位 GDP 能耗增长 2.97%，而能源消费总量增加 1081 万吨，大于累计增加值 600 万吨，因此可以认为，无论是"双控"目标中的能源消费强度目标还是总量目标宁夏均未完成。

近年来，提高能源效率、降低能源强度已经成为各级政府、经济部门和学术界共同关注的热点。本书以西部地区的新疆和宁夏两地区为研究对象，以期挖掘各因素对能源效率的作用机制，揭示能源效率的变动机理，刻画能源效率的影响效应，从而为新疆和宁夏两地区如何更好地实现2020年国家"双控"目标制定具体可行的节能政策提供科学的理论基础和指导方向。

二、模型构建

（一）基本模型构建

要提高能源效率、降低能源强度，就必须了解能源效率的影响因素及其影响机制。对能源效率演变机制的研究，本书在总结节能潜力影响因素相关研究与结合西部地区实际经济发展状况的基础上，以工业增加值比重（ind）、煤炭消费量占能源消费总量之比（coa）、外商直接投资占GDP比重（fdi）、城市化发展水平（peo）、环境治理投资额占GDP比重（env）、研发投入人员占地区人数之比（rd）为解释变量，以能源消费强度为因变量，建立标准面板回归方程，具体见式（8-1）：

$$ECI_{i,t} = \alpha + \beta_1 ind_{i,t} + \beta_2 coa_{i,t} + \beta_3 fdi_{i,t} + \beta_4 peo_{i,t} + \beta_5 env_{i,t} + \beta_6 rd_{i,t} + \varepsilon_{i,t} \quad (8-1)$$

（二）数据处理与来源

为了便于与"双控"目标值对标，数据均折算为2015年不变价，采用能源强度衡量能源效率（与能源强度互为倒数）。数据均来源于历年《中国统计年鉴》《中国环境统计年鉴》《宁夏统计年鉴》和《新疆统计年鉴》。

三、回归结果分析

运用 STATA 软件计算普通最小二乘法回归结果，具体见表 8-2 和表 8-3。

表 8-2 宁夏地区回归结果

变量	Coef.	Std. Err.
lnind	0.166*	0.219
lncoa	0.136***	0.351
lnfdi	-0.283*	0.285
lnenv	-0.179*	0.154
lnpeo	-0.669**	0.214
lnrd	-0.018***	0.026
C	3.202	0.252
R^2	0.982	

注：***、**、*分别表示该估计量在1%、5%、10%的水平上显著。

表 8-3 新疆地区回归结果

变量	Coef.	Std. Err.
lnind	0.026***	0.041
lncoa	0.219**	0.080
lnfdi	-0.288**	0.036
lnenv	-0.414***	0.015
lnpeo	-0.434***	0.095
lnrd	-0.116*	0.050
C	-2.827	0.348
R^2	0.999	

注：***、**、*分别表示该估计量在1%、5%、10%的水平上显著。

由表 8-2 和表 8-3 可知，宁夏、新疆回归中的 R^2 分别为 0.982、0.999，从整体上看该回归的拟合较好。

（1）产业结构对能源强度的影响在显著性水平上为正，表明工业增加值占 GDP 的比重越大，单位 GDP 能耗越高。具体而言，产业结构每增加 1%，宁夏、新疆能源消费强度就提高 0.166%、0.026%。究其原因，主要是宁夏、新疆地区在经济发展中资源依赖性严重，对于以高耗能行业工业为主要产业结构的宁夏、新疆地区，不合理的产业结构更是明显限制了该地区的节能降耗。此外，受限于偏僻的地理位置，经济基础薄弱，工业起步较晚，目前仍处于工业化发展初期，工业化水平有待提高，经济发展具有典型的高耗能、高污染特征，并且产业发展层次低，产业附加值低。作为资源依赖型区域，新疆与宁夏两地区的经济发展对能源耗费高，能源依赖度较深，结构重型化趋势明显。主要表现在以下三点：

一是轻重工业比例相差悬殊。在改革开放初期，两地区工业中轻工业占比四成多，重工业占比五成多；但随着西部地区经济发展，其重工业呈递增趋势，2015 年重工业占比将近九成，西部地区工业发展不均衡，内部轻重工业比例差距较大，近年来"资源诅咒"现象越发明显。

二是重工业内部比例失衡。原料工业和采掘工业占重工业的 80% 左右，其本身就是高耗能产业。近年来，随着两地区工业化的不断推进，为了追求经济快速发展，电力、建材、有色、化工等高耗能工业项目不断规划、投产，导致该区域内工业重型化结构更加明显。两地区以高耗能重工业为主导行业，势必会导致该区域内能耗水平不断升高，给节能降耗带来更大的挑战。

三是高耗能行业在工业中地位显赫。在两地区，七个高耗能行业（即煤炭采选业、石油和天然气开采业、石油加工炼焦及核燃料加工业、化学原料及化学制品制造业、非金属矿物制品业、黑色金属冶炼及压延加工业、电力燃气及水的生产和供应业）在工业中占有重要地位，是两地区经济发展的支柱行业。2016 年，这七个高耗能行业工业产值占两地区省级规模以上工业的 3/4，消耗能源量超过 60%。

（2）能源消费结构对能源强度的影响在显著性水平上为正，表明煤炭能源消费占能源消费总量的比重越大，单位 GDP 能耗越高。具体而言，能源消费结构每增加 1%，宁夏、新疆能源消费强度就提高 0.136%、0.219%。全球气候变暖迫使世界各国对能源结构做出相应调整。中国作为世界第二大经济体，长期以来，以煤为主的传统能源消费结构为生态环境带来了巨大危害。尤其是在我国重工业密集地，诸如新疆、宁夏等，对能源资源的消耗需求大多由一次能源尤其是煤炭消耗来推动；然而这在一定程度上促进这些地区经济发展的同时，也导致了环境被破坏。一方面过度依赖化石能源资源投入支撑经济增长的粗放型发展方式，在消耗大量能源的同时，排放出二氧化碳以及二氧化硫等废气，这些污染物会给生态环境带来严重破坏；另一方面能源结构不合理致使能源资源的利用效率十分低下，大量的能源资源浪费，造成有限的资源紧缺。由此能源资源过度消耗、低效率利用等成为制约经济可持续增长的突出短板，使得两地区正面临能源"存量约束"与"生态赤字"并存的双重考验。

（3）外商直接投资对能源强度的影响在显著性水平上为负，表明外商直接投资占 GDP 的比重越大，单位 GDP 能耗越低。具体而言，外商直接投资比重每增加 1%，宁夏、新疆能源消费强度就降低 0.283%、0.288%。新疆与宁夏两地区是节能建设资金十分短缺的省区，投融资渠道单一、资金短缺、节能投入不足成为西部地区开展节能工作的最大障碍。各金融机构、民间投资者、外资企业等投资主体对两地区节能项目的可盈利性、潜在风险缺乏充分的了解，普遍认为节能投资项目投资期长、见效慢。节能市场和资本市场存在严重信息脱节，节能项目融资艰难。

（4）城市化发展对能源强度的影响在显著性水平上为负，表明城市发展水平越高，单位 GDP 能耗越低。具体而言，城市化进程每提升 1%，宁夏、新疆能源消费强度就降低 0.669%、0.434%。能源消费结构变化主要是指传统化石能源（主要指煤炭）向优质能源（电力、液化气、可再生能源）的调整。据估算，由于燃烧效率的差异，中国能源消费结构中煤炭比重每下降 1 个百分点，能源消费总量可以降低 2000 万吨标准煤。目前新疆、宁夏两地区正处于城市化进程的快速推进时期，经济高速发展，能源消耗巨大，两地区的经济发展也越来越接近资源和环境条件的约束边界，能源需求和供给的矛盾使两地区经济发展面临着严峻的挑战。

（5）技术创新对能源强度的影响在显著性水平上为负，表明研发人员投入比重越大，单位 GDP 能耗越低。具体而言，产业结构每增加1%，宁夏、新疆能源消费强度就降低 0.018%、0.116%。技术进步的内涵十分丰富，主要包含科学技术进步、纯技术效率和规模效率；技术进步不仅对能源开发技术的提升有显著作用，还对能源系统产生重要影响。大幅度促进技术进步是不断提升各地区能源效率的重要手段，尤其对于新疆、宁夏能源资源相对丰富、发展相对落后的地区，这些地区能源开采技术落后、运输成本高、技术转化能力低下、利用效率低等问题是阻碍当地经济发展的"瓶颈"。

（6）环境治理水平对能源强度的影响在显著性水平上为负，表明环境治理投资额占 GDP 的比重越大，单位 GDP 能耗越低。具体而言，环境治理变量每增加1%，宁夏、新疆能源消费强度就降低 0.179%、0.414%。目前两地区缺乏对不同来源地外资企业能源消耗与污染排放的限制标准，虽出台了一些限制性标准的准则，但对外资企业约束力不强，无法有效抑制高耗能外企污染排放与能源消耗。虽然提高了环境规制标准，但是各地环境管制规则较少且不统一，看似对两地区的环境管制标准较严格，实则较宽松，给高污染、高耗能、高排放外资企业的进入提供了可乘之机。

四、重点区域"双控"目标实现路径

（一）加快产业转型升级

宁夏和新疆地区节能减排指标的实现与经济长期可持续发展取决于区

域的产业结构调整和优化升级。长期以来两地区发展主要依托于第一、第二产业的带动，第三产业如金融业、服务业等所占比重较低，与第二产业相比，第三产业工业产值对两地区的产值贡献较低；并且以第二产业为主的发展模式伴随着巨大的能源资源消耗，忽略了经济发展给生态环境带来的沉重负担，使得经济发展长期滞后于中东部发达省市，在协调区域发展、平衡经济发展与生态保护、促进一二三产业所占比重合理化等方面，应改变现存发展模式，加大产业结构调整优化。目前，相对于我国东部及世界其他发达地区，两地区正处于工业化的初、中期阶段，资源型产业、初加工制造业等是其主要的工业体系，钢铁等传统高耗能、高污染、高排放、低效率产业所占比重巨大，新兴高科技产业、服务业、金融业等比重偏低，如此产业结构特征决定了两地区能耗水平总体较高。从整体产业结构来看，两地区仍然以传统相对落后的产业为主，因此要促进两地区产业结构向"三、二、一"产业模式积极转变，在以第二产业为主的模式向第三产业模式转变的过程中，不断减少对常规能源的使用，提高能源结构中优质能源和非常规能源的比重；把诸多传统高耗能产业同发展高增加值的制造业和高附加值的高新技术产业结合起来，每年由各级政府合理规划，在增加对节能降耗投入的同时，及时对产业结构做出调整，将高科技产业、现代化农业、现代化环保和一些新兴产业作为发展的战略性和支柱性产业，将地区节能降耗、实现可持续发展作为根本战略贯彻到底；其重点是大力发展以服务业为主的第三产业，降低传统高耗能、高污染的第二产业的比重；同时，不断提高低能耗第三产业在国民经济中的比重，控制第二产业（尤其是煤炭采选业、石油和天然气开采业、石油加工炼焦及核燃料加工业、化学原料及化学制品制造业、非金属矿物制品业、黑色金属冶炼及压延加工业、电力燃气及水的生产和供应业等高耗能产业）发展规模，从而使得能源消费总量得到一定的控制，在整体上减少碳排放，实现生态环境可持续发展。

（二）调整能源消费结构

因势利导调整能源消费结构，是探寻新疆、宁夏两地区节能减排途径、构建资源节约型—环境友好型社会的主要抓手。

1. 有序发展煤基和石化产业

首先，短期内以煤为主的能源消费结构的主导地位不可撼动。因为受到能源需求结构的影响，其他清洁能源一时难以替代作为消费主体的煤炭，故若使能源结构得到进一步优化，对当前能源结构做出重要调整以提高常规能源的利用效率，重点提高对非常规能源的使用，则具有重大意义。现阶段各种原因导致全球经济发展处于低迷态势，传统能源产业面临产能过剩。因此应当坚持"节约、清洁、安全"的战略方针，按照安全、绿色、集约、可持续的原则有序发展高效清洁能源，尤其对两地区煤炭新增产能进行相应控制，要以新疆、宁夏等地的工业发展为控制核心地带，不断提升能源系统运行效率，加快先进节能技术开发，同时重点整治高污染、高排放的煤化工企业，例如可通过环境税的征收、行政手段干预等方法进行一定的限制和管理。

其次，要加大高能耗产业从传统向现代清洁高效安全产业转型，对煤炭燃烧产生的污染物进行及时合理的处理，稳步推进对煤制油、制气等技术研发和产业化升级示范工程并因地制宜地选用适合本地煤质的技术路线及工艺设备，加大优质能源的使用，从而使得煤炭产业得到有序发展。

最后，石油石化产业在当前经济发展中仍占有重要地位，而优质化石能源相对不足，在降低石油消费比重的同时，提高天然气消费比重，以大幅度增加太阳能、生物质能、风能、地热能等的使用作为结构调整的主攻方向。发展石油替代技术，在石油消费量上要给予一定限制，特别是在一些重点领域和关键环节要密切结合国家对于能源使用制定的中长期规划与策略，合理高效地消费能源产品，进而保障石油石化产业高效清洁、健康发展，进而推进产品多元化、产品高质化发展，通过降低煤炭石油比重，有序发展煤基产业，稳步发展石化产业，加大清洁能源的利用，从而降低两地区的单位 GDP 能耗。

2. 鼓励开发煤层气

天然气属于新疆地区优势资源，在我国西部大开发战略下，通过西气东输、南水北调等巨大工程项目推动，新疆地区的天然气利用整体已完成商业化，具有绿色环保、使用高效、节能安全、储量丰富等特点，在未来保证经济可持续发展与保护生态环境等方面将发挥巨大的作用，因此要将天然气作为现阶段节能降耗过程中的重点发展对象，加大勘探天然气储量、加快天然气工业发展，夯实天然气供应基等，加快对优质非常规能源的探明速度和力度。政府应通过相关政策加强天然气产业关联度，惠及上下游产业，鼓励相关企业加大节能减排、技术研发力度。

与此同时，还应加大非常规天然气的开发，重点是突破煤层气。加大煤层气开发技术的研发和推进，在能源调整的过程中，重视并加大对该资源的开发利用，促使其形成产业规模。但由于多种不利因素，西部地区煤层气还处于勘探试采阶段，其开发和利用成本较高，使用技术还不到位，因此需要各级政府的高度重视和实施强有力的措施来推动。

3. 提高新能源利用比重

为实现节能降耗、优化能效消费结构，通常需要较长的一段时间，要扩大对如太阳能、风能、地热能、天然气、煤层气等清洁能源的使用比重，由此替代煤炭等污染较重的化石能源。但由于各种清洁能源的开采、利用都需要一定的先进技术做支撑，其开发利用处在不同阶段，要达到最终商业化利用还需要从政府出台相应能源产业政策、加大财政扶持力度、鼓励投资等多方面来共同解决其发展所面临的问题。这就需要从客观上结合两地区实际情况，在能源资源相对丰富的西部地区，适当加大对优质能源的开发力度，合理引导新能源发展。

针对开发新能源装备前期投资大的情况，对太阳能、风能等发电产生的电力并入公共电网销售，建议政府给予适当补贴。对于新疆来说，新疆拥有丰富的能源优势，是我国对外开放的重要门户、西部大开发的重点地区和我国主要的能源生产基地之一，有着极其丰富的煤炭、石油、天然气等资源，分别占全国陆地预测资源量的 30%、34%、40%，光、热、风等资源也在全国占有较大份额。充分利用能源优势，是新疆实现跨越式发展的重要途径，而能源结构的调整和优化是当前及未来相当长一段时期内新疆能源战略的核心。

目前，相对于煤炭消费的主体地位，以其高污染所导致的不可逆转的生态环境问题来说，其他能源资源如石油，因受到国家石油价格波动的影响，使其在国际能源市场上始终以高价位运行，而水电和核电的建设周期较长、风险大、成本高，用其替代以煤炭为主体的能源消费结构目前还需较为漫长的过程。考虑到两地区能源资源丰富，相比于其他能源，尤其是煤炭资源储量相当丰富，以煤为主的能源消费结构现状难以改变，为充分利用其储量丰富的战略利用优势，创新煤炭利用方式、提高煤炭利用技术、加快研究煤炭利用后清洁处理技术从而不断提高煤炭的利用效率等不失为切实可行的途径。

（三）提高外资利用效率

为促进两地区利用国外先进技术实现节能的目标，在引资过程中要进一步扩大招商引资的力度，不断优化升级招商引资方式，促进产业结构升级，同时应制定更加严格的环境准入机制，加大清洁型外商投资的引进，还应加大高技术附加值产业的引进。在制定具体的招商引资产业政策时应注意要做到政企合作，企业合理地利用相关政策规定，政府也提供长效有序的监管。具体采取以下主要措施：

1. 发挥 Fdi 节能作用

新疆、宁夏的外资规模数量较少且质量相对较低，多以资源导向性资本为主。新疆、宁夏两地区由于外部环境、基础设施不完善，外资进入数量较少。为了更好地吸引高质量 Fdi 的进入，两地区应该加大基础设施、市场环境的优化建设，降低 Fdi 的进入成本，营造优良的营商环境从而降低 Fdi 的跨国经营成本，持续引进外资。具体实施过程中应加强生产性服务业和公共基础设施的建设，继续推行吸引外资企业进入投资的优惠政策。但同时需要注意的是，各地区应该因地制宜地选择适合本区域发展的

Fdi。鉴于此，各地方政府之间也应该建立制度性协调机制，使地方政府树立"富邻"意识，切实把地区协调发展作为发展重点。

由于 Fdi 发挥作用具有较强的滞后性，使得 Fdi 引进初期对节能的作用具有一定的非对称性，且 Fdi 引入前期发挥节能作用不够明显，加之我国 Fdi 的引进又具有显著的东西部不均衡情况，因此就需要政府的适时参与，在前期 Fdi 带来的减排效应不明显时制定相应的税收补贴和优惠政策，降低 Fdi 企业在地区流动的成本，以制度优势促进 Fdi 的合理流动。

2. 优化 Fdi 来源结构

现阶段我国西部地区利用外资的结构和水平呈现出快速增长的趋势，但两地区外资来源结构仍需进一步优化。基于此，建议一方面加大引资的管控审批力度，积极引导高质量外资的进入；另一方面加大技术型 Fdi 企业的引进。同时要提高研发资金的投入比例，提升两地区对国外先进技术的引进、消化、吸收与再创新的能力，有效利用国外先进技术促进节能减排的实现。

现阶段，两地区的现实决定了降低能源强度的紧迫性。在引资方面，两地区必须改变以往对外资来者不拒的策略，制定外资引进政策，合理调整引资结构。对于诸如钢铁、化工、金属冶炼等高耗能、高排放产业应当严格控制其进入比例，鼓励、支持、引导外资转向电子、通信、网络等高新技术产业，这类产业具有低耗能、低污染、低排放的特点，有助于新疆、宁夏两地区节能目标的实现与产业结构的优化升级。在引进外资过程中，两地区应当将关注点从之前的生产制造业向高新技术产业、科技研发型产业转变，重点关注那些有助于节能减排的高新技术产业与项目。

在优化外资来源方面，两地区需要不断同外资来源地政府深入交流与合作以优化外资来源结构。根据西部地区经济发展的总目标，鼓励外资投向服务业、高新技术产业、现代农业以及节能环保产业，投向战略性新兴产业。

（四）制定新型城市化发展战略

短期内城市化对能源需求还有很大的依赖性，城市化水平提高会增加能源消费强度。但长远来看，城市化水平的提高会使产业组织结构、技术结构、产品结构等得到合理调整，各种配置得到进一步优化，各种资源得到更合理利用，会使能源消耗呈下降趋势。即城市化会使能源利用效率得以提高，这就要求更加注重城市化推进的质量，这是解决两地区能源问题的出路之一。

城镇化推进要考虑城市的规模效益。城镇化是生产要素由农村向城市转移的动态过程，也是空间资源优化配置形成集聚经济的过程。当前，在新疆、宁夏城镇化进程中，产业发展层次低、消耗高，尚没有形成合理分工的格局，可能会影响城市综合效益的提高。这既导致了能源消费的粗放式增长，也使得城镇化提升能源效率的作用得不到发挥。因此，两地区应充分发挥城市的集聚效应，在城镇化进程中需要特别注意：①从区域层面完善城市发展规划和功能定位，要正确认识城市所处的发展阶段和特点，明确城市未来发展的方向和路径，充分发挥城市的集聚潜力；②支持大城市适度发展，鼓励区域层面的城市群建设，大城市集聚效应强，能够在更大的空间上实现资源优化配置。今后要强化大城市之间以及大城市与周边中小城市和小城镇的分工合作，推进城市群的一体化进程，同时合理规划和建设卫星城，扩展大城市的发展空间；要充分考虑地区发展的差异，相关政策要有区别地对待。从能源约束的角度来看，两地区未来城镇化推进将面临更大的能源约束，虽然短期内能源约束还没有完全体现，但如果仍然实施现有的粗放型城镇化模式，能源供求矛盾将日益凸显出来。因此，对于新疆、宁夏两地区，应充分发挥城镇化对能源效率的提升作用，充分考虑其发展阶段特点，充分发挥城市发展对能源消费利用技术的提升作用，从而实现节能减排的目的。

（五）加快技术进步

加大创新力度、加快技术进步是促进节能降耗的不竭动力。为了加快推进能源技术进步，可以从以下几个方面入手：

1. 加大能源科研投入

技术进步对直接降低单位能源产品的消耗量从而提高能源效率的作用是毋庸置疑的，而要实现真正的技术突破，促进技术创新和技术进步，首要因素是要加大能源科研开发力度，增强科学技术对节能降耗的贡献力度，把能源先进技术研发和能源资源产业化推广纳入地方科学发展及战略规划之中。要加大科研投入和技术引进、不断地进行技术创新，从而使全面发挥技术进步对能源系统产生巨大推动作用，让能源资源的利用效益达到最大化，进而实现从能源生产、输送、加工转换和利用的全过程节能管理，尤其是在实现能源开采生产及消费利用两个阶段，加强对关键节能降耗技术的采用。如此一来，新疆、宁夏两地区需不断加大对能源科学研究的科研投入，大力开展基础科学研究，加强能源科技人才培养，尤其是要加强对前沿尖端技术的科学研究，竭力推进有关能源高效利用的关键、核心技术创新。此外，不断增强能源领域科技成果的转化能力，从而进一步提升我国西部地区整个产业链的技术水平；对节能降耗重点领域做好技术研究支持工作，发挥技术进步对节能降耗的促进作用。但从目前情况来看，两地区用于能源科研的研发资金投入严重不足，用于节能降耗技术的探索、提高能效的路径探析等方面的科研投入则少之又少；故依靠巨大的经费投入来推动节能技术创新，就需要政府转变其职能，除了包含财政应有的能源投入外，还需制定相应政策来鼓励民间资本和商业资本的投入。

2. 推进节能设备更新和技术改造

在节能降耗过程中，需逐步建立以企业为主体、市场为导向、产学研相结合的技术创新体系，不断促进产学研相结合，为能源技术进步创造良好的政策环境。

此外，积极推广新技术、新方法、新材料，为节能减排、提升能源效率提供强有力的技术支撑和基础保障。在大力推广节能技术的同时，不断提高一次能源和终端能源的利用效率，组织实施一批有关节能降耗和提高能源效率为核心技术开发和产业化示范项目，着重研究开发工业制造业、交通运输、建筑施工等相关领域的节能技术与设备以及可再生能源与建筑一体化等应用技术，并促进新技术的产业化，提高能源利用效率，从而扩大能源资源的节能潜力。

3. 加大技术引进和模仿创新

在我国进入新时代的背景下，通过利用外资来引进先进技术，其核心要素在于提高外资技术的含金量，利用相关优惠政策、制度等来鼓励欧美等发达国家前来投资，并鼓励外资从事高新技术产业、新兴产业等研发活动；另外，鼓励国内采购比例较高的外资进入，从而扩大外资的后向关联效应。

不断提高外资企业生产的本地化程度，在促进本地就业的同时扩大外资技术的溢出；新疆、宁夏应加大力度吸收来自中东部地区甚至一些发达国家的产业转移技术，充分利用其资金投入，加快发展；注重对两地区的软、硬件基础设施投资建设，如对能源、交通、通信等基础设施的大力投资，加快对清洁能源的探索，加大对其高效利用；架桥修路，修建高速公路、铁路等，从而缩小能源由两地区运输到全国其他省市的运输成本等；同时不断完善相关制度、政策，加大对教育、尖端科学研究的投入，加大力度培养高质量的人才队伍，加强技能培训，促使对外资引进的技术进行学习模仿，加强技术创新，通过引进—利用—模仿—消化吸收，从而加大自主创新力度，进而在较短的时间内不断缩小中国与发达国家间的技术差距，为走自主创新发展道路奠定扎实基础，从而提高自主创新能力。尤为重要的是，要改变对发达国家先进技术的依赖，同时两地区要转换"外部输血"为"自身造血"，不断改变对中东部省市的依赖，在技术发展方面改变"落后—引进—再落后—再引进"的低水平循环，进而破除技术引进的路径依赖。

（六）加大环境治理力度

1. 提高地方政府财政投入力度

在党的十九大提出的"人与自然和谐共生"新理念下，"经济增长依旧是第一要务"的政府管理思路已经行不通，必须转变地方政府职能，加强对节能降耗重要性的根本认识，推动地方政府固有意识的转变，使其在多重目标诉求的选择中转变经济发展思路，推动能耗"双控"行动，形成节能降耗强力规制与环境治理严格约束。财政政策是保证政府职能发挥的一个制度保障和物质基础，可以为资源配置的有效性和经济发展模式的选择带来积极的影响。宁夏、新疆在财政政策方面应适当调整节能减排财政支出的比例，加大对节能环保领域的资金投入，完善资金来源的投入体系。创建财政资金和社会融资相结合的机制，弥补市场领域存在的缺陷。同时要鼓励企业进行节能技术研发，政府加大对企业财政补贴和信贷优惠政策的倾斜力度，对在节能方面表现突出的企业给予税收减免政策。此外，在政府采购项目中也要优先选择节能产品，引导消费者的消费趋势和企业发展的方向，把节能减排过程中涉及的环境保护、资源有效利用和生态发展的特定政策结合到采购规划之中。最后，还应加强对企业投入资金的流向的监管力度，确保企业节能减排资金使用的规范性。

2. 完善生态补偿财政转移支付制度

我国在环境政策的推行方面一直强调因地制宜的指导方针，国务院出台的有关环境保护的"十一五""十二五"及"十三五"规划，在充分考量各地区间存在的发展水平差距、环境容量差异的基础上，在不同的地区推进实施差异化的环境政策。环境治理投资能够有效提高能源利用效率，但地区之间的财力不平衡在某种程度上加深了各地环境治理水平的差异，必须完善现行的生态补偿财政转移支付制度，弥补西部地区环境污染治理资金的短缺。

目前我国生态补偿财政转移支付主要有两种形式：中央政府向地方政府提供的纵向转移支付和各地方政府间的横向转移支付。自分税制改革以来，由于地方政府承担着较大事权却只拥有较小财权，环境治理投入资金得不到有力保障；同时由于环境治理本身具有外溢性，当某地开展环境治理行动时，周边地区可能受益，此受益部分对应的支出若由中央财政承担，并不利于资金使用效率的提升。应根据环境治理行为的受益范围进行划分，全国性的环境治理项目可由中央政府转移支付予以支持，而区域性的环境治理项目则应由受益区域的地方政府合理承担；此外，还应建立财政转移资金的监督与审查机制，确保转移资金是用于地方环境治理，杜绝挪用滥用转移资金现象的发生。至于地区间的横向转移支付，应制定相关法律法规，对各地方政府间关于生态补偿的范围、方式及资金使用进行明确界定，防止因法律法规不完善而出现难以解决的矛盾；借鉴发达国家的成功经验，通过建立资源环境产权交易市场以及有关生态补偿的谈判仲裁机制，降低各地区政府间的谈判成本，提高横向转移支付的效率；还可通过在经济、环境联系紧密的地区间设立区域生态补偿转移支付的专项基金，实现横向转移支付的高效到位，而资金具体的拨付比例需以地区内的人口总量、财政收入状况、经济发展水平以及具体环境治理举措的外溢程度为基础加以确定，各地方政府需按照事前约定，按比例追加用于区域生态补偿转移支付的专项基金。

参考文献

［1］ Patterson M. G. What is Energy Efficiency? Concepts, Indicators and Methodological Issues ［J］. Energy Policy, 2007, 24 (5): 377-390.

［2］ 魏楚, 沈满洪. 能源效率及其影响因素: 基于 DEA 的实证分析 ［J］. 管理世界, 2007, 167 (8): 66-76.

［3］ Hu J. L., Wang S. C. Total-factor Energy Efficiency of Regions in China ［J］. Energy Policy, 2006, 34 (2): 3206-3217.

［4］ 郭丽丽. 节能潜力测算方法及应用研究 ［D］. 大连理工大学硕士学位论文, 2009.

［5］ Sun J. W., Meristo T. Measurement of Dematerialization/Materialization—Issues for the Decade ［J］. Technological Forecasting & Social Change, 1999, 60 (3): 275-294.

［6］ 韩智勇, 魏一鸣, 范英. 中国能源强度与经济结构变化特征研究 ［J］. 数理统计与管理, 2004 (1): 1-6, 52.

［7］ 齐志新, 陈文颖. 结构调整还是技术进步? ——改革开放后我国能源效率提高的因素分析 ［J］. 上海经济研究, 2006 (6): 8-16.

［8］ 李善同, 许召元. 中国各地区能源强度差异的因素分解 ［J］. 中外能源, 2009, 14 (8): 1-10.

[9] 李廉水，周勇. 技术进步能提高能源效率吗？——基于中国工业部门的实证检验 [J]. 管理世界，2006 (10)：82-89.

[10] 屈小娥. 中国省际能源效率差异及其影响因素分析 [J]. 经济理论与经济管理，2009 (2)：46-52.

[11] 李世祥，成金华. 中国能源效率评价及其影响因素分析 [J]. 统计研究，2008 (10)：18-27.

[12] 周超. 中国绿色能源效率的省域差异与影响因素研究 [J]. 生产力研究，2012 (6)：125-127.

[13] 李建博，武春友. 企业不可再生能源效率制约因素的实证分析 [J]. 科技与管理，2013，15 (4)：67-70.

[14] 师博，沈坤荣. 政府干预、经济集聚与能源效率 [J]. 管理世界，2013 (10)：6-18，187.

[15] 林伯强，杜克锐. 要素市场扭曲对能源效率的影响 [J]. 经济研究，2013，48 (9)：125-136.

[16] 王兵，於露瑾，杨雨石. 碳排放约束下中国工业行业能源效率的测度与分解 [J]. 金融研究，2013 (10)：128-141.

[17] 李梦蕴，谢建国，张二震. 中国区域能源效率差异的收敛性分析——基于中国省区面板数据研究 [J]. 经济科学，2014 (1)：23-38.

[18] Zhang X. P., Cheng X. M., Yuan J. H., et al. Total-factor Energy Efficiency in Developing Countries [J]. Energy Policy, 2011, 39 (2)：644-650.

[19] 袁晓玲，张宝山，杨万平. 基于环境污染的中国全要素能源效率研究 [J]. 中国工业经济，2009 (2)：76-86.

[20] 涂正革，肖耿. 环境约束下的中国工业增长模式研究 [J]. 世界经济，2009 (11)：41-54.

[21] 王兵，张技辉，张华. 环境约束下中国省际全要素能源效率实证研究 [J]. 经济评论，2011 (4)：31-43.

[22] 张伟，吴文元. 基于环境绩效的长三角都市圈全要素能源效率研究 [J]. 经济研究，2011 (10)：95-109.

[23] 孙广生，黄祎，田海峰，王凤萍. 全要素生产率、投入替代与地区间的能源效率 [J]. 经济研究，2012，47（9）：99-112.

[24] 王喜平，姜晔. 碳排放约束下我国工业行业全要素能源效率及其影响因素研究 [J]. 软科学，2012（2）：73-78.

[25] 范丹，王维国. 中国省际工业全要素能源效率——基于四阶段 DEA 和 Boot strapped DEA [J]. 系统工程，2013（8）：72-80.

[26] 陈关聚. 中国制造业全要素能源效率及影响因素研究——基于面板数据的随机前沿分析 [J]. 中国软科学，2014（1）：180-192.

[27] 冯烨. 中国工业重点行业技术进步的节能减排潜力研究 [D]. 北京理工大学硕士学位论文，2015.

[28] 张志辉. 中国区域能源效率演变及其影响因素 [J]. 数量经济技术经济研究，2015（8）：73-88.

[29] 冉启英，于海燕. 有无环境约束下西部地区全要素能源效率及其影响因素研究 [J]. 新疆大学学报（哲学·人文社会科学版），2015，43（3）：15-22.

[30] 刘丹丹，赵颂扬旸，郭耀. 全要素视角下中国西部地区能源效率及影响因素 [J]. 中国环境科学，2015，35（6）：1911-1920.

[31] 张兵兵，朱晶. 出口对全要素能源效率的影响研究——基于中国 37 个工业行业视角的经验分析 [J]. 国际贸易问题，2015（4）：56-65.

[32] 张立国，李东，龚爱清. 中国物流业全要素能源效率动态变动及区域差异分析 [J]. 资源科学，2015，37（4）：754-763.

[33] 吴传清，董旭. 环境约束下长江经济带全要素能源效率研究 [J]. 中国软科学，2016，（3）：73-83.

[34] 王腾，严良，何建华等. 环境规制影响全要素能源效率的实证研究——基于波特假说的分解验证 [J]. 中国环境科学，2017，37（4）：1571-1578.

[35] 邹艳芬，陆宇海. 基于空间自回归模型的中国能源利用效率区域特征分析 [J]. 统计研究，2005（10）：67.

［36］史丹.中国能源效率的地区差异与节能潜力分析［J］.中国工业经济，2006（10）：57-65.

［37］韩亚芬，孙根年，李琦.中国经济发展和能源消耗的统计关系与节能潜力分析［J］.开发研究，2007（2）：82-85.

［38］杨红亮，史丹，肖洁.自然环境因素对能源效率的影响——中国各地区的理论节能潜力和实际节能潜力分析［J］.中国工业经济，2009（4）：73-84.

［39］屈小娥.中国省际工业能源效率与节能潜力：基于 DEA 的实证和模拟［J］.经济管理，2011（7）：16-24.

［40］郑明慧，王亚飞.能源消费省区配置及节能潜力分析——以河北省为例［J］.技术经济与管理研究，2012（4）：112-116.

［41］王蕾，魏后凯，王振霞.中国区域节能潜力估算及节能政策设计［J］.财贸经济，2012（10）：130-136.

［42］范丹，王维国.中国区域全要素能源效率及节能减排潜力分析——基于非期望产出的 SBM 模型［J］.数学的实践与认识，2013（7）：12-21.

［43］魏新强，张宝生.不同可持续发展目标下的中国节能潜力分析［J］.中国人口·资源与环境，2014（5）：38-45.

［44］郭玲玲，武春友.中国节能减排潜力测度与优化路径［J］.技术经济，2014（11）：60-67，89.

［45］王腊芳，段文静，赖明勇，刘丽洁.中国制造业节能潜力的区域及行业差异［J］.地理研究，2015，34（1）：109-121.

［46］李艳清，黎莹莹，陈伦鑫，于凤玲.基于全要素能源效率的区域节能潜力分析［J］.五邑大学学报（自然科学版），2017（4）：16-23.

［47］仓定帮，魏晓平，曹明.基于多因素分析的我国煤炭消费及节能减排潜力预测［J］.工业技术经济，2017（12）：27-32.

［48］余小东，沈镭，周维琼.基于产业结构演进的云南省节能潜力分析［J］.中国矿业，2007（6）：4-7.

［49］王靖，马光文，管永林．四川省"十二五"工业结构节能潜力分析［J］．水电能源科学，2011（4）：192-194.

［50］高志刚．低碳背景下资源型城市能源效率与节能潜力分析——以克拉玛依为例［J］．城市发展研究，2013（5）：152-156.

［51］王玉燕，林汉川．我国西部地区能源效率：趋同、节能潜力及其影响因素［J］．经济问题探索，2013（4）：38-44.

［52］于海燕．碳排放约束下西部地区节能减排潜力评价［D］．新疆大学硕士学位论文，2016.

［53］林伯强．中国能源需求的经济计量分析［J］．统计研究，2001（10）：34-39.

［54］王庆一．中国能源现状与前景［J］．中国煤炭，2005（2）：7，25-30.

［55］施凤丹．中国工业能耗变动原因分析［J］．系统工程，2008（4）：55-60.

［56］刘佳骏，董锁成，李宇，毛琦梁，李俊，王隽妮．产业结构变动对区域能源效率贡献的空间分析——以中国大陆31省区为例［J］．资源与生态学报（英文版），2012（2）：129-137.

［57］尹晶晶，杨德刚，霍金炜，于良，张豫芳．新疆能源消费强度空间公平性分析及节能潜力评估［J］．资源科学，2013，35（11）：2151-2157.

［58］Huang J. Industry Energy use and Structural Change. A Case Study of the People's Republic of China［J］. Energy Economics, 2004, 15（2）：131-136.

［59］Samuels et al. Potential Production of Energy cáne for Fuelin the Caribbean［J］. Energy Progress, 1984（4）.

［60］Reitler W., Rudolph M., Schaefer H. Analysis of the Factors Influencing Energy Consumption in Industry：A Revised Method［J］. Energy Economics, 1987, 9（3）：145-148.

[61] Sinton J. E., Levine M. D., Qingyi W. Energy Efficiency in China: Accomplishments and Challenges [J]. Energy Policy, 1998, 26 (11): 813-829.

[62] 韩智勇, 魏一鸣, 范英. 中国能源强度与经济结构变化特征研究 [J]. 数理统计与管理, 2004 (1): 1-6, 52.

[63] 张瑞, 丁日佳. 我国能源效率与能源消费结构的协整分析 [J]. 煤炭经济研究, 2006 (12): 8-10.

[64] 王火根, 沈利生. 中国经济增长与能源消费关系研究——基于中国 30 省市面板数据的实证检验 [J]. 统计与决策, 2008 (3): 125-128.

[65] 王俊松, 贺灿飞. 技术进步、结构变动与中国能源利用效率 [J]. 中国人口·资源与环境, 2009 (2): 157-161.

[66] 朱丽丽. 碳排放约束下我国能源效率、节能潜力研究 [D]. 重庆大学硕士学位论文, 2016.

[67] 田璐璐, 王姗姗, 王克等. 河南省水泥行业节能潜力及协同减排效果分析 [J]. 硅酸盐通报, 2016, 35 (12): 3915-3924.

[68] 杨敏英. 我国动态节能潜力的测算 [J]. 中国能源, 2010 (3): 13-16.

[69] 张雷, 黄园淅. 中国产业结构节能潜力分析 [J]. 中国软科学, 2008 (5): 27-29, 31-34, 51.

[70] 郑明慧, 罗金莉. 基于产业结构演进的河北省节能潜力分析 [J]. 中国经贸导刊, 2011 (24): 58-59.

[71] 魏一鸣, 廖华, 范英. "十一五"期间我国能源需求及节能潜力预测 [J]. 中国科学院院刊, 2007 (1): 20-25.

[72] 李爱军. 我国燃煤发电技术进步的节能减排效果分析 [J]. 能源技术经济, 2010 (11): 44-48, 57.

[73] 屈小娥, 屈冰. "十二五"各省节能潜力的测算与分析 [J]. 统计与决策, 2013 (9): 139-142.

[74] 韩中合, 刘明浩, 吴智泉. 基于要素替代弹性的节能潜力测算研究 [J]. 中国人口·资源与环境, 2013, 23 (9): 42-47.

［75］孙传旺，林伯强. 中国工业能源要素配置效率与节能潜力研究
［J］. 数量经济技术经济研究，2014，31（5）：86-99.

［76］蒋雪梅，祝坤福. 基于内外资企业能耗强度差异的工业节能潜力
分析［J］. 管理评论，2017，29（1）：12-18，92.

［77］Sappington D. E. M.，P. Feifenberger J. P.，Hanser P.，et al. The
State of Performance－Based Regulation in the U. S. Electric Utility Industry
［J］. Electricity Journal，2001，14（8）：71-79.

［78］Costa M. M.，Schaeffer R.，Worrell E. Exergy Accounting of Energy
and Materials Flows in Steel Production Systems［J］. Energy，2001，26（4）：
363-384.

［79］Boardman B. Achieving Energy Efficiency Through Product Policy：
The UK Experience［J］. Environmental Science&Policy，2004，7（3）：
165-176.

［80］赵国成. 日本产业节能对策刍议及对我国的启示［D］. 中国社
会科学院研究生院硕士学位论文，2003.

［81］Geller H.，Schaeffer R.，Szklo A.，et al. Policies for Advancing En-
ergy Efficiency and Renewable Energy use in Brazil［J］. Energy Policy，2004，
32（12）：1437-1450.

［82］由然. 节能减排各有其道［J］. 中国石油企业，2007（6）：44-45.

［83］郁聪，符冠云. 美国联邦和州政府的节能政策［J］. 中国能源，
2013，35（6）：21-24.

［84］史立山. 中国能源现状分析和可再生能源发展规划［J］. 可再生
能源，2004（5）：1-4.

［85］陈军，徐士元. 技术进步对中国能源效率的影响：1979—2006
［J］. 科学管理研究，2008，26（1）：9-13.

［86］李书锋. 不确定性、政府激励机制与可再生能源技术进步［J］.
科技进步与对策，2009，26（5）：89-91.

［87］周英男，陈芳，李昕杨. 引导企业节能的政策选择模型研究

［J］. 中国人口·资源与环境，2008，18（3）：169-172.

［88］成金华，李世祥. 结构变动、技术进步以及价格对能源效率的影响［J］. 中国人口·资源与环境，2010，20（4）：35-42.

［89］李虹，董亮，段红霞. 中国可再生能源发展综合评价与结构优化研究［J］. 资源科学，2011，33（3）：431-440.

［90］孙欣，邹婷，尹彪. 能源效率影响因素的动态分析［J］. 甘肃行政学院学报，2013（2）：90-96.

［91］赵领娣，张磊，李荣杰等. 能源禀赋、人力资本与中国绿色经济绩效［J］. 当代经济科学，2013，35（4）：74-84.

［92］安岗，郁培丽，石俊国. 中国工业部门能源利用效率的测度与节能潜力：基于随机前沿方法的分析［J］. 产经评论，2014，5（1）：5-15.

［93］张磊，韩梦，陆小倩. 城镇化下北方省区集中供暖耗煤及节能潜力分析［J］. 中国人口·资源与环境，2015，25（8）：58-68.

［94］Ma C., Stern D. I. China's Changing Energy Intensity Trend：A Decomposition Analysis［J］. Social Science Electronic Publishing，2008，30（3）：1037-1053.

［95］Zhang C., Lin Y. Panel Estimation for Urbanization, Energy Consumption and CO_2, Emissions：A Regional Analysis in China［J］. Energy Policy，2012，49（10）：488-498.

［96］盛鹏飞. 中国能源效率偏低的解释：技术无效抑或配置无效［J］. 产业经济研究，2015（1）：9-20.